VIVRE UNE VIE PHILOSOPHIQUE

DU MÊME AUTEUR

Le Ventre des philosophes. Critique de la raison diététique, Grasset, 1989.
Cynismes. Portrait du philosophe en chien, Grasset, 1990.
L'Art de jouir. Pour un matérialisme hédoniste, Grasset, 1991.
La Sculpture de soi. La Morale esthétique, Grasset, 1993.
L'Œil nomade. La Peinture de Jacques Pasquier, Folle Avoine, 1993.
Ars Moriendi. Cent petits tableaux sur les avantages et les inconvénients de la mort, Folle Avoine, 1994.
Métaphysique des ruines. La Peinture de Monsù Desiderio, Mollat, 1995.
La Raison gourmande. Philosophie du goût, Grasset, 1995.
Le Désir d'être un volcan, Grasset, 1996.
Les Formes du temps. Théorie du sauternes, Mollat, 1996.
Politique du rebelle. Traité de résistance et d'insoumission, Grasset, 1997.
Les Vertus de la foudre, Grasset, 1998.
À côté du désir d'éternité. Fragments d'Égypte, Mollat, 1998.
Théorie du corps amoureux. Pour une érotique solaire, Grasset, 2000.
Antimanuel de philosophie. Leçons socratiques et alternatives, Bréal, 2001.
L'Archipel des comètes, Grasset, 2001.
Physiologie de Georges Palante. Pour un nietzschéisme de gauche, Grasset, 2002.
Splendeur de la catastrophe. La Peinture de Vladimir Vélikovic, Galilée, 2002.
L'Invention du plaisir. Fragments cyrénaïques, LGF, 2002.
Esthétique du pôle Nord. Stèles hyperboréennes, Grasset, 2002.

(suite en fin d'ouvrage)

Michel Onfray

Vivre une vie philosophique

Thoreau le sauvage

LE PASSEUR
ÉDITEUR

www.lepasseur-editeur.com

ISBN : 978-2-36890-543-2

« J'estime un philosophe dans la mesure où il est capable de donner un exemple. »

FRIEDRICH NIETZCHE,
Considérations inactuelles, I.3.

Longtemps, les amateurs de Thoreau qui, comme moi, ne lisaient pas assez bien l'anglais pour aller y voir directement, se sont contentés d'une vieille traduction de *Walden* et d'une sélection des mêmes textes extraits du *Journal*.

Il a fallu le travail de traduction de Thierry Gillybœuf, puis la douce folie des éditions Finitude sises au Bouscat près de Bordeaux, créées et pilotées par Emmanuelle et Thierry Boizet, pour que soit entreprise la première traduction française de l'intégralité du *Journal*.

Ce *Vivre une vie philosophique* leur est dédié.

1

Qu'est-ce qu'un grand homme ?

COMMENT une époque pleine de petits hommes peut-elle encore lire et comprendre une réflexion sur les grands hommes ? De tout temps, les civilisations ont fait place aux figures humaines qui dépassaient les hommes : le génie, le héros, l'artiste, le saint, le sage, le prophète, le demi-dieu… Nos temps démocratiques, surgis de la sciure dans laquelle tombe la tête de Louis XVI le 21 janvier 1793, croient que l'égalité c'est l'égalitarisme, autrement dit, la plupart du temps, qu'il faut promouvoir la haine de ce qui est grand – une pathologie qui ne pourra jamais obtenir que ce qui est petit soit autre chose que petit ni autrement que petitement.

Pendant des siècles, la *Vie des hommes illustres* de Plutarque fabrique nombre de tempéraments dans l'Europe judéo-chrétienne, de

Montaigne à Charlotte Corday, parente de Corneille, lui aussi nourri au lait romain, en passant par Érasme et Rabelais, Bacon et La Boétie, de Maistre et Rousseau, Shakespeare et Emerson, ainsi que les autres transcendentalistes, Thoreau compris. On ne s'étonnera pas qu'après la Révolution française, il n'y ait plus eu grand monde pour faire des *Vies* de Plutarque un livre d'édification spirituelle : le grand homme est désormais assimilé au tyran, le tyran n'étant pas le pourvoyeur de guillotine, hélas ! mais le petit roi qui préférait bricoler ses serrures plutôt que de s'user les yeux sur les finances de son État – la fameuse dette, déjà…

Le XIXe siècle aura son grand homme, Napoléon. Il contraindra les penseurs et les philosophes à réfléchir sur son cas, en compagnie des poètes et des peintres, des romanciers et des sculpteurs, des musiciens et des dramaturges, en attendant les cinéastes…

Hegel fut probablement celui qui en fait le mieux la théorie : le grand homme est celui que l'histoire fait pour qu'il la fasse… Ruse de la raison, il est un produit de l'histoire qui s'arrange pour créer la main qui créera… la main de l'histoire. Le grand homme fait l'histoire qui fait le grand homme.

Le même XIXe siècle a aussi son autre grand homme : Brummell, prince des dandys, comme un double comique de la première version tragique. Napoléon créait l'histoire, Brummell d'impeccables nœuds de cravate, mais, en regard du cosmos, ceci vaut cela… Hegel ne trouve pas indigne de traiter des deux personnages dans sa *Phénoménologie de l'esprit* – pour le plus grand bonheur de Kojève ! Napoléon finit à Sainte-Hélène, on connaît l'histoire, et Brummell au Bon Sauveur de Caen, l'hospice des fous et des indigents, en vieille gloire obèse, édentée, loqueteuse, ruinée, ridicule. Quand ils ne meurent pas sous le poignard, les grands hommes finissent souvent comme les petits, voire les tout petits, les très petits.

Le plus grand des grands hommes est souvent celui qui, pour les autres, ne passe pas pour tel, mais ne fait pas de bruit et traverse son existence sur la pointe des pieds ontologiques. Ses combats sont contre lui-même, ses victoires aussi. Ses champs de bataille ? Lui-même encore. Ses embuscades ou ses assauts, ses rixes et ses offensives ? Encore et toujours lui-même.

Les Hommes représentatifs d'Emerson paraissent au beau milieu du XIXe siècle, le siècle des masses, du capitalisme et du communisme, du socialisme et de l'anarchisme. Carlyle avait publié *Les Héros* en 1840. Burckhardt entretiendra des grands hommes dans ses *Considérations sur l'histoire universelle* en 1871. Nietzsche s'en souviendra avec le surhomme de son *Zarathoustra*.

Emerson a lu Plutarque et Carlyle. Le philosophe américain, ami de Thoreau, autant qu'on peut l'être de l'homme des bois rustre et rugueux, avait le désir de couper les ponts idéologiques avec l'« Europe aux anciens parapets », pour reprendre les mots de Rimbaud, afin de chercher la vérité moins dans les livres du Vieux Continent que dans « le Grand Livre de la nature », cette fois-ci pour citer Diderot.

Thoreau, lui, lira ce qui s'est trouvé écrit avant l'Europe, sans l'Europe, en Inde, la *Bhagavad-Gita* ou les *Upanishad* ; en Iran, les *Veda* ; en Assyrie, *L'épopée de Gilgamesh* et autres grands textes sacrés ; en Palestine, la Bible, qui sont autant de poèmes lyriques, avant de faire plus confiance encore à la nature que connaissaient si bien les Indiens – dont il collectionnait les moindres traces, pointes de flèches ou autres signes de cette civilisation sans écriture.

La philosophie européenne, tout entière sous le joug platonicien rehaussée par le christianisme, a célébré le Logos, la Raison, le Concept, l'Idée et autres variations sur le thème onto-théologique. Pour elle, le réel était moins important que les mots qui le disaient. La vie moins signifiante que les livres qui la racontaient. À ne plus penser le monde qu'à partir des grimoires et des archives qui disaient le monde, l'Occident chrétien, l'Europe ont réduit la vie, le réel, le monde à un misérable petit tas de poussière, de celle qu'on trouve dans les greniers abandonnés ou dans la bibliothèque d'un ancêtre mort depuis longtemps.

Au XIXe siècle, l'Amérique a donné un sérieux coup de fouet à la philosophie, mais l'Europe philosophante n'a jamais voulu y consentir : elle a toujours préféré les fabricants de concepts, jusqu'à en faire, sous le règne de Deleuze qui sévit encore, le signe distinctif du philosophe ; elle a chéri les verbeux, les fumeux, les obscurs, voire, au XXe siècle, les délirants, les pathographes – comme quoi, créer un concept est à la portée du premier venu… ; elle a monté en épingle Heidegger qui noyait les choses dans le brouillard souabe de son sabir phénoménologique jusqu'à les effacer sous sa glossolalie.

Dans le même mouvement, cette Europe philosophante a négligé l'Emerson de *La Conduite de la vie*, le Thoreau de *Walden*, les transcendentalistes, le John Muir du *Journal de voyage dans l'Arctique*, le John Burroughs de *Construire sa maison*, l'Aldo Leopold de *L'Almanach d'un comté des sables*. Tant pis pour elle, elle a de ce fait accouché de monstres illisibles, de chimères pleines de charabia, d'abstractions de quintessence postmodernes. En méprisant les leçons transcendentalistes américaines, la philosophie européenne a perdu l'occasion qui lui était alors donnée de ne pas mourir dans une impasse, comme un chien crevé.

La même Europe qui tournait le dos aux États-Unis d'Amérique a également tourné le dos à ce qui était considéré comme la Perfide Albion philosophique : Bacon, Berkeley, Locke, Hume, Hutcheson comptent pour pas grand-chose – ne parlons pas des « Écossais » Thomas Reid ou Dugald Stewart. On leur a préféré l'idéalisme allemand et la phénoménologie germanique, le matérialisme dialectique teuton et la psychanalyse viennoise. Résultat : nihilisme le plus complet – comme on dit « noir complet » après une vaste panne d'électricité.

Carlyle, donc. Emerson lui rend visite quand il effectue son grand tour d'Europe en passant par l'Italie et Paris. Il passe deux jours chez lui, dont une nuit à son domicile. Ils se sont baladés dans les landes écossaises. Ils ont parlé de Cromwell, de Faust, de Voltaire et de Robespierre – j'aurais aimé être une petite souris… Ils ont aussi échangé sur la nécessité de l'action et du faire, sur Dieu et l'immortalité de l'âme. Carlyle peste contre les journalistes, les gens de lettres, l'injustice sociale, ses contemporains. Madame Carlyle montre à Emerson un collier envoyé par Goethe en personne ! Emerson propose au penseur écossais de venir enseigner ou diriger une revue aux États-Unis. Il refuse. Ils entament une correspondance qui durera jusqu'à la mort de Carlyle en 1881.

Pendant ce temps, Thoreau garde la maison, mais aussi madame Emerson et son enfant ; il n'aurait pas vu d'un mauvais œil que son mari ne prît pas de billet de retour. *Les Hommes représentatifs* ne sont donc pas sans entretenir de relation avec *Les Héros. Le Culte des héros et l'héroïque dans l'histoire* qui paraît en 1840.

Carlyle (1795-1881) était un calviniste écossais qui avait perdu la foi – trois raisons de faire un homme terrible. Radical et pamphlétaire, il critique la démocratie et le capitalisme, l'aristocratie et la bourgeoisie. Solitaire, pauvre, libre, indépendant, il n'a de comptes à rendre à personne ; il produit donc une analyse atypique, mais juste.

À l'origine de l'humanité, on trouve le héros comme divinité, Odin ; dans son évolution, le héros devient prophète avec Mahomet, poète avec Dante et Shakespeare, prêtre avec Luther et Lenox, homme de lettres avec Johnson, Rousseau, Burns ; dans sa modernité, le héros devient roi : Cromwell et Napoléon, nous y sommes.

Napoléon est « notre dernier grand homme », écrit-il – d'autant qu'en juillet 1815, à bord du *Bellérophon* dans le port de Plymouth, l'empereur demande l'hospitalité aux Anglais pour échapper aux royalistes français ! À lui seul, il résume la totalité des formes variées de l'héroïsme : prophète, poète, prêtre, homme de lettres, roi. Il procède de l'âge de l'imprimerie. Il est là pour nous guider.

La tâche du peuple ? Trouver l'homme le plus capable, l'élever à la place suprême, celle de roi, et le révérer loyalement. On voit que pareil programme, à l'heure où Marx fabrique sa machine de guerre conceptuelle et dialectique en lisant Hegel et Feuerbach, semble plus regarder vers le passé qu'en direction du futur !

Napoléon fut grand tant qu'il crut aux faits et aux événements ; quand il a dompté la Révolution française en lui permettant de survivre dans des institutions durables ; quand il a transformé, grâce à un instinct sûr, la négativité de la Révolution en positivité institutionnelle ; quand, de ce fait, son destin est devenu organique.

En revanche, Napoléon fut petit quand il a cessé de croire aux faits et aux événements pour se soumettre aux simulacres, quand le démocrate est devenu un tyran. Il fut « une grande ébauche, une grossière esquisse jamais complétée ». Dans une belle image, Hegel donne la formule des grands hommes : « Leur but atteint, ils sont tombés comme des douilles vides. »

Carlyle est parti trop loin dans l'histoire pour dire le grand homme ; Emerson veut revenir dans le ciel des idées qui se trouve pour lui sur terre. Ce qui, convenons-en, fait une terre très spiritualisée, sinon spirituelle. L'esprit est chez lui la seule matière, en quoi il s'avère un matérialiste très éthéré. Il ne fut pas pasteur un temps sans raison ; il ne démissionna pas non plus de cette fonction sans arguments…

Dix ans après le livre de Carlyle, Ralph Waldo Emerson donne sa version dans *Les Hommes représentatifs* (1850). Dans l'édition française donnée par Izoulet et Roz en 1895 pour Armand Colin, le sous-titre est *Les Surhumains*, un mot qui ne renvoie à rien du titre anglais. L'édition Crès de 1920 affiche carrément *Les Surhumains* – il s'agit alors de profiter de l'appel d'air de la mode nietzschéenne en France. Mais c'est une erreur : c'est bien plutôt Nietzsche qui subit l'influence d'Emerson, et non l'inverse – pour des raisons de date : Nietzsche naît en 1844…

Emerson affirme lui aussi que le grand homme, c'est l'homme représentatif. Sa grandeur réside dans sa représentativité. Plus l'homme représente son temps, son époque, sa civilisation, sa culture, son continent géographique, historique, culturel, mental, plus il est grand. Paradoxalement, c'est en portant son individualité à son point d'incandescence que l'homme parvient à l'universel et qu'il devient grand. Montaigne fut ainsi, Emerson aimait beaucoup Montaigne.

Pour Emerson, le grand homme habite les plus hautes sphères de la pensée. Il entretient un rapport particulier avec la surâme (*oversoul*) qui est l'autre nom de l'« âme du monde » ou bien encore de l'« âme universelle ». Dieu existe, certes, mais sûrement pas de façon anthropomorphe. Il y a longtemps qu'Emerson ne croit plus que Dieu soit dans le temple des protestants. Dans *Nature* et dans *Les Forces éternelles*, Emerson associe Dieu à l'« esprit du monde », à l'« énergie de la nature », aux « forces cosmiques ». Il se trouve à la croisée de Platon, Plotin, Spinoza, Hegel, Goethe. Mais au-delà...

Les individus procèdent de la surâme sur le mode platonicien, et ce de façon inégale. Celui qui y participe grandement est un grand homme. Dès lors, il entretient une relation privilégiée, forte, directe, irrationnelle, instinctive, immédiate à la surâme. De cette manière, comme avec la dialectique ascendante qui conduit au Bien platonicien, avec la purification via les hypostases qui mènent à l'Un-Bien plotinien, avec la connaissance du troisième genre qui conduit à la joie spinoziste, avec la dialectique qui transporte vers l'esprit absolu hégélien, voire avec le savoir de la volonté de puissance sans lequel le surhumain est impossible, le grand homme définit le philosophe capable d'expérimenter la jouissance de la communion mystique avec les forces qui sont l'intimité du monde.

Le grand homme est le réceptacle privilégié de la surâme du monde ; il en assure la lisibilité, la visibilité ; il contamine par sa seule présence, sur le principe de la capillarité ; il agit plus vite, plus loin, plus fort que les autres ; il voit ce que les autres ne voient pas ; il saisit la nature du réel dans l'instant ; il emporte les suffrages par sa pensée et son action qui légitiment le réel ; il fait comprendre que ce qui a eu lieu ne pouvait pas ne pas avoir lieu ; il est tendu vers un seul but – ontologiquement, c'est un monomaniaque. Comme Carlyle, Emerson donne les noms de ses grands hommes : Platon le philosophe, Swedenborg le mystique, Montaigne le sceptique, Shakespeare le poète, Goethe l'écrivain, Napoléon l'homme de l'Univers.

À quoi sert le grand homme ? À être un modèle – il nous faut le suivre ; à contaminer par son expérience ; à générer de nouveau de grands hommes ; autrement dit, à assurer le progrès de l'humanité qui, péché contre le marxisme, ne s'accomplit pas avec les masses, mais avec les individualités d'exception.

À cette aune, Emerson fut lui aussi un grand homme. Car, venue de Carlyle, l'idée passe par lui pour parvenir à Nietzsche. Emerson assure ainsi sa place dans l'histoire comme grand homme qui en rend possibles d'autres. *Les Hommes représentatifs* ont nourri la pensée de Nietzsche depuis ses jeunes années jusqu'à produire un jour le Surhomme, une figure, hélas ! obscurcie par le travestissement des textes et de la pensée du philosophe effectué par sa sœur qui a créé des faux qu'on lui impute et qui ont tant fait pour sa mauvaise réputation.

Emerson fut une lecture de jeunesse de Nietzsche. Il le cite en effet dès ses devoirs au collège de Pforta, il n'a pas 20 ans. Il a lu les *Essais*, puis les a perdus dans une gare. Il connaissait également *La Conduite de la vie* et *Société et solitude*. Dans les *Fragments posthumes*, il dit d'Emerson qu'il fut « l'homme de ce siècle le plus fécond en pensées ». Des pensées, mais aussi des images d'Emerson se retrouvent dans *Ainsi parlait Zarathoustra*.

Pour Nietzsche, qui fut un admirateur de Burckhardt, un lecteur de Carlyle qu'il détestait (probablement trop proche de lui, comme Spinoza...), un adversaire de Hegel, un admirateur de Goethe et de Napoléon, mais aussi, donc, un lecteur enthousiaste d'Emerson, le surhomme est celui qui sait qu'il n'y a que de la volonté de puissance, que celle-ci définit ce qui veut la vie dans la vie, qu'elle est dans le cosmos et le brin d'herbe, dans les astres et les pierres, dans le ciron et le philosophe, qu'il n'y a place pour aucune liberté, aucun libre arbitre, qu'il faut vouloir ce vouloir qui nous veut pour être libre, qu'on doit aimer son destin parce qu'ainsi on connaît une joie, une béatitude qui prouve l'atteinte du surhumain.

On peut enfin affirmer que, dans cet esprit, il y eut aussi un autre grand homme, mais d'autant plus grand qu'il fut modeste et discret, farouche et mal peigné, hors les clous et inassignable, libre comme une loutre et fier comme un poisson, orgueilleux comme un arbre et sage comme une jonquille, aimable comme une porte de prison et sauvage comme un Indien, indompté comme un loup et ombrageux comme un mulet : Thoreau. Thoreau qui fut disciple d'Emerson comme on est disciple quand on a compris son maître : en suivant son propre chemin. En nos temps démocratiques, le grand homme est celui qui mène seul son chemin. En lui parle l'âme du monde.

2

Autoportrait de son futur

À quoi ressemblait le jeune Henry David Thoreau – qui, d'ailleurs, ne s'appelait pas ainsi, nom de plume, mais David Henry Thoreau (1817-1862) ? Il inverse l'ordre de ses prénoms. Un tenant de la magie freudienne y verrait un aveu d'inversion à peine déguisé... Pour ma part, j'y vois plus prosaïquement une envie de se faire par lui-même plutôt que d'être fait par sa famille – un signe d'affirmation du pouvoir de la volonté sur la construction et la constitution d'une identité.

Ce n'est pas non plus un hasard que ce changement de nom coïncide avec la décision d'écrire un journal qui comportera quatorze volumes au moment où, vingt ans plus tard, à l'âge de 44 ans, une tuberculose l'envoie reposer au petit cimetière de Concord

(Nouvelle-Angleterre), le village où il est né, a vécu, écrit, médité, sans jamais l'avoir quitté, sauf exception notable : déménagement des parents dans sa petite enfance, puis retour au bercail, quatre années d'études à Harvard et un séjour de huit mois à New York.

Thoreau est issu d'une famille anglo-normande. Sa famille paternelle habitait en effet Saint-Hélier à Jersey. Venant de France, du Poitou plus particulièrement, elle y est arrivée en 1685, après la révocation de l'édit de Nantes. Elle a quitté l'île en 1773 pour embarquer sur un bateau corsaire en direction des États-Unis. Son grand-père était marin sur le gaillard d'avant et attendait l'occasion de prendre part à la révolution le moment venu.

Ses parents militent pour l'abolition de l'esclavage. Nonobstant les risques encourus, ils reçoivent chez eux des esclaves fugitifs, des militants de la cause abolitionniste, des acteurs de ce combat. Ils pratiquent la philanthropie et l'on sourit de constater combien Thoreau dépense d'énergie pour fustiger la philanthropie, afficher sa misanthropie, pour finir, au bout du compte, en farouche abolitionniste lui aussi. L'homme qui refuse de payer ses impôts pour ne pas financer la guerre contre le Mexique et qui, dans la foulée, écrit *De la désobéissance civile* deviendra le défenseur de la violence politique, voire du meurtre politique, dans son *Plaidoyer pour John Brown*. Le chemin est loin qui conduit de soi à soi quand il faut composer avec sa famille… Difficile identité, là encore.

Son père était commerçant. Il deviendra fabricant de crayons. Son fils aura à cœur de transformer la petite fabrique en atelier, où les crayons passaient pour d'excellente qualité, avant de se consacrer à d'autres activités – il deviendra instituteur, puis démissionnera avant de devenir arpenteur. Faire autant, puis mieux que le père, avant de devenir autre que le père…

Les origines normandes, la traversée de l'océan de l'Europe vers l'ouest du Nouveau Monde, le père comme figure incontournable… Thoreau se saisit mieux encore quand on connaît Concord, dans l'État du Massachussetts, le petit village de deux mille âmes dans lequel il naît le 12 juillet 1817. Dans son *Autobiographie* (écrite quand il était jeune…), il affirme : « Je tirerai toujours fierté de mon lieu de naissance. Puisse-t-il jamais avoir de raison d'avoir honte de ses fils. Si je t'oublie, ô Concord, que ma main droite oublie son habileté. Ton nom sera mon passeport dans les pays étrangers. » Ses parents déménagent beaucoup. Ils arrivent un jour à Concord en provenance de Boston. Pour ce faire, ils traversent les paysages de bois et de champs qui conduisent à Walden. Thoreau parlera du « paysage fabuleux de [ses] rêves d'enfant ». Il a alors quatre ans et demi.

Le lieu est en effet idyllique pour imprégner l'âme de l'enfant. Des bois, des collines, des forêts, des lacs, des étangs, des rivières sur lesquelles il canote avec son frère sur la rivière Merrimack sur un bateau construit de ses mains – il racontera cette expérience dans *Sept jours sur le fleuve*, ainsi que ses balades en forêt dans *Les Forêts du Maine*. Au fond du jardin de sa grand-mère passe un ruisseau qui se jette dans la rivière Luminarck et alimente les lacs alentours.

L'enfant fournit la trame de l'adulte : Thoreau passe sa vie à ne pas rompre avec son enfance. La liberté de l'enfant est son idéal. Construire des cabanes, pêcher dans les étangs, remonter les rivières en barque, marcher dans la forêt, regarder le monde entre ses jambes, grimper dans les arbres, se baigner dans les eaux de Walden en toute saison – rien n'est plus jubilatoire pour l'adulte qu'il est devenu...

L'élément de Thoreau est sans conteste l'eau. Quand il définit l'homme, il parle d'une « masse d'argile qui fond ». Il effectue des variations sur ce thème : les doigts sont des gouttes solidifiées, les oreilles, les lèvres, le nez, des stalactites congelées, le menton, une grosse goutte vers laquelle converge tout ce qui coule sur le visage, le joues montrent que le front coule, les pommettes séparent les coulures...

À ses obsèques, Emerson lira un texte inédit de Thoreau dans lequel il affirmait : « Je demande qu'on me fonde. Tout ce que vous pouvez demander aux métaux, c'est d'être tendre pour le feu qui les fond. » Couler et fondre pour se couler et se fondre dans la nature, enfin, vraiment, complètement. Thoreau fut un philosophe héraclitéen – le penseur du fleuve qui coule et pour lequel la seule permanence est l'impermanence. Il aura vécu immobile dans le fleuve.

*

Thoreau est un brillant élève. Il traduit le grec et le latin. Mais il fait souvent l'école buissonnière avec son frère Jack. Cicéron et Platon, c'est bien, mais le canot et la rivière, c'est mieux. Nous disposons d'écrits de jeunesse qui sont les devoirs qu'il rendit à ses professeurs, des sujets de dissertation rédigés quand il avait entre 16 et 20 ans. Les questions alors posées aux élèves sont d'une haute tenue ; les réponses données par Thoreau d'une étonnante maturité.

Ainsi cette question : « *Je vis comme un prince : non pas pour ce qui est de la pompe dans la grandeur, mais pour ce qui est de l'orgueil et de la liberté : maître de mes livres et de mon temps.* Parlez des plaisirs et des privilèges d'un lettré. » Question à laquelle Thoreau répond en ouverture par une citation d'une épître d'Horace en latin : « Tous ceux qui se mêlent d'écrire aiment les bois et fuient les villes. »

La dissertation qui suit montre bien que chacun porte en lui la puissance de son être avant qu'elle ne devienne acte si les conditions le permettent. Car le jeune Thoreau met en perspective le génie et l'incapacité à vivre avec ses semblables doublée d'un désir de s'isoler pour vivre à l'écart des foules. Quitter le monde pour la vie solitaire ne saurait se concevoir que chez l'individu d'exception doué pour la méditation. Ce serait une folie d'agir ainsi pour une personne que n'intéressent ni la lecture, ni l'écriture, ni la méditation. Il y a de la jubilation, du plaisir véritable à mener une vie philosophique de méditation.

Thoreau écrit : « Celui qui dépend de lui seul pour ses plaisirs – qui trouve tout ce qu'il veut en lui – est réellement indépendant ; car faire appel aux maîtres pour atteindre le but recherché par tout le monde, c'est vivre dans un état de confiance et de dépendance perpétuelles. » Le philosophe libertaire est tout entier dans cette phrase : l'autonomie, être à soi-même sa propre loi, ne dépendre de rien ni de personne, « se créer liberté » pour emprunter à Nietzsche sa formule, voilà le projet existentiel du jeune homme.

Vivre dans la compagnie des grands anciens plutôt que des petits contemporains, fréquenter les philosophes antiques et les sages orientaux, converser avec Socrate ou Zoroastre, c'est être moins seul, même perdu au milieu de la forêt, qu'en côtoyant les médiocres qui pullulent. Thoreau revendique l'aristocratie, il célèbre « le pathos de la distance » pour recourir une fois de plus à Nietzsche qui, à cette époque, n'a encore rien écrit, mais auquel il ressemble à plus d'un titre.

*

Un autre texte de jeunesse résume déjà tout son devenir et son avenir. Voici la question : « *Du journal intime ou registre de nos pensées, de nos sentiments, de nos sujets d'études et d'expérience quotidienne – avec des résumés des livres et les opinions que nous nous en sommes faites à leur première lecture.* » Cette question posée à celui qui écrira un journal de plus de six mille pages pendant un quart de siècle, un travail interrompu par la mort, ne peut manquer d'étonner… Elle ne l'aura sûrement pas poussé à devenir un diariste, mais elle permet de savoir ce que pensait le futur diariste de son objet…

Thoreau note que, parfois, un petit croquis esquissé pour le plaisir par un peintre en dit plus que l'œuvre plus élaborée qu'il propose un jour. De même avec l'auteur du journal qui, en consignant une idée qui vient spontanément à l'esprit, dira plus et mieux, plus fort et plus justement, qu'une idée qu'il aura élaborée. Une machine qui retranscrirait fidèlement ces idées immédiates serait d'une grande utilité. Le journal est un peu cette machine…

La pratique du journal permet d'affiner l'expression de ses sentiments, de ses sensations, de ses idées. Ceux qui se plaignent de ne pouvoir mettre des mots sur ce qu'ils ressentent gagneraient à écrire un journal. Revenir sur le temps écoulé, consigner ses pensées, noter ses gains existentiels quotidiens, connaître, donc, les pertes existentielles quotidiennes, « régler ses comptes avec son esprit », voilà qui permettrait d'accroître ses expériences au jour le jour et de mieux (se) connaître. Écrire une page permet ainsi de passer à la suivante et d'écrire la suite.

Le journal fonctionnera comme le chantier existentiel de *Walden*. Les détails de la vie quotidienne de cette expérience de vie se trouvent consignés sans fioritures. Thoreau reprendra ses notes pour construire ensuite ce chef-d'œuvre de la philosophie concrète qu'est *Walden*.

*

Ses textes de jeunesse sont, déjà, un *autoportrait de son futur*. Dans *Suivre la mode,* il fustige ceux qui, justement, suivent la mode par peur de paraître singuliers – alors qu'il faut l'être et vouloir l'être ; dans *Les Différents Buts visés par l'homme,* il établit une liste de ce qui, la plupart du temps, fait courir les humains : l'argent, le pouvoir, les honneurs, le bonheur domestique, l'autosatisfaction, à quoi il oppose, citant Pope, « le calme heureux d'une âme irréprochable » ; dans *Le Style simple,* il fait l'éloge du style sans ornement, efficace, il critique l'usage des mots rares, le recours à l'obscurité, le style fleuri, et affirme que le sublime peut être clair et simple ; dans *L'Imagination comme élément du bonheur,* il célèbre les cinq sens pourvoyeurs d'imagination ; dans *Littérature américaine,* il déplore que les auteurs des États-Unis écrivent pour le succès immédiat et n'aient aucun souci de la postérité ; dans *L'Homme supérieur et l'homme ordinaire,* il associe paradoxalement le génie et le doute, évoque le poids du fardeau de la vérité, fait d'elle, avec un optimisme propre à son âge, une évidence contre laquelle l'erreur ne fait pas le poids ; dans *Le Caractère sublime de la mort,* il excelle plus sur le sublime que sur la mort, mais montre combien cette notion analysée par Burke, qu'il cite, peut jouer un rôle majeur dans l'économie d'une pensée ; dans *L'Humanité classifiée,* il invite à éviter l'homme du monde comme on éviterait une vipère, car l'un et l'autre mordent la main qui les nourrit ; dans *Formalités et obligations sociales,* il oppose la société à son stade primitif et la civilisation en déplorant que la seconde oblige à des salamalecs permanents ; dans *La Moralité du mensonge,* il fait l'éloge du silence qui permet d'éviter d'avoir à mentir quand il le faudrait ; dans *Du destin chez les anciens,* réaffirmant la puissance de la volonté, il affirme que ce qui est prédestiné n'est pas inéluctable ; dans *De l'éducation obligatoire et forcée,* il souhaite que le gouvernement pratique l'école obligatoire pour éduquer l'âme de l'individu, donc de la communauté ; dans *Barbarie et civilisation,* il fustige la civilisation et l'art qui nous coupent de la nature, donc de Dieu, il préfère les Anciens qui invitaient à se soumettre à la nature qui « exerce en permanence une influence morale sur l'homme » – suit un éloge de la terre, du soleil, de la pluie, des saisons, du tonnerre, des montagnes, de l'éclair, de l'arc-en-ciel, puis des Indiens qui, eux, savent ce qu'est la vie…

Où l'on découvre l'autoportrait de ce qu'il sera, parce qu'il l'est déjà. Il propose un double mouvement : *refuser les fausses valeurs de la civilisation* – la mode, l'argent, les honneurs, les richesses, le pouvoir, la réputation, les villes, l'art, l'intellectualisme, le succès, les mondanités – et *vouloir les vraies valeurs de la nature* – la simplicité, la vérité, la justice, la sobriété, le génie, le sublime, la volonté, l'imagination, la vie. D'un côté, le mondain verbeux ; de l'autre, l'Indien silencieux.

À la fin de sa vie, il retrouve l'Indien dont il a fait l'éloge. Dans sa jeunesse, il affirmait : « Le sauvage peut être et est bien souvent un sage. Notre Indien est bien plus un homme que celui qui habite une ville. Il vit comme un homme, il pense comme un homme, il meurt comme un homme ».

Quand il meurt à 44 ans, il est resté fidèle à ses pensées de jeunesse. Entre deux, il a été un philosophe rare – de ceux qui ont mené une vie philosophique. Il a, en même temps, pensé sa vie et vécu sa pensée. L'enfant qu'il fut a bien été le père de l'homme qu'il a été.

3

Un Indien chez les cow-boys

Que nous apprennent les presque sept mille pages réunies dans les quinze volumes du journal que tient Thoreau entre octobre 1837 et novembre 1861, six mois avant sa mort ? Qu'il était un philosophe romantique. Pendant vingt-cinq ans, ces pages racontent en effet un homme qui tourne le dos à l'Est, autrement dit à l'Europe, pour lui préférer l'Ouest, c'est-à-dire les territoires inconnus, vierges, habités par des Indiens auxquels il accorde un intérêt qui ne fléchira jamais.

Il fouille le sol pour récupérer des objets indiens dont il confesse en avoir ramassé des centaines… Il trouve dans ces trésors bien plus de sagesse et d'intelligence accumulées que dans un livre de Descartes ou une poignée de phrases de Hegel. C'est que, dans la relique arrachée au sol, il y a l'énergie des hommes concentrée dans une forme, alors que dans un livre il n'y a jamais que du papier…

Thoreau préférera toujours contempler une pointe de flèche, la toucher, essayer son tranchant avec le gras de son pouce, apprécier son galbe fuselé, son ergonomie dirait-on aujourd'hui, s'attarder sur les éclats fabriqués pour arracher la chair visée, plutôt que de lire un livre sur l'art de fabriquer les flèches ou une thèse consacrée aux livres consacrés à l'art de fabriquer les flèches.

La corporation philosophante ne saurait apprécier un homme qui a écrit un jour que nous avions pléthore de professeurs de philosophie, mais nulle part des philosophes. Eux qui pensent qu'enseigner la pensée d'autrui c'est penser par soi-même et que paraphraser les livres des autres du haut de sa chaire dispense de vivre selon des principes, ils ne pouvaient admettre Thoreau dans la liste de leurs auteurs au programme.

Il veut, selon le mot de Nathaniel Hawthorne, « mener une sorte de vie indienne ». Car la philosophie, pour lui, n'est pas l'art d'écrire des livres, mais celui de les vivre ; elle n'est pas sophistique et rhétorique, dialectique et scolastique, mais éthique – et l'éthique est l'art de vivre comme un saumon ou comme un écureuil, une couleuvre ou une abeille, mais aussi comme un chêne ou un lac, une montagne ou un nuage, ou bien encore comme une rivière ou un torrent, un ruisseau ou un étang. Ce peut être, enfin, vivre comme un paysan ou un bûcheron, un apiculteur ou un pêcheur, un chasseur ou un marin. Ou bien encore : comme un Indien qui, lui, vit comme un saumon et un écureuil, une couleuvre, etc.

Voilà pourquoi, les douze dernières années, il travaille à un livre sur les Indiens qui est resté à l'état de notes – mais deux mille huit cents pages de notes… Avec ce matériau, il souhaitait rédiger « une histoire précolombienne de l'Amérique du Nord ». Il a pour ce faire étudié deux cent soixante-dix livres et rédigé fin 1852 ou début 1853 un assez long essai sur le sujet.

On y trouve des analyses regroupées par lui sous des rubriques diverses : « voyages, physique, musique, jeu, habitation, fêtes, nourriture, charité, funérailles, tradition et histoire, morale, coutumes de mariage, artisanat, éducation, habits, peinture, argent, nom, gouvernement, traitement des prisonniers, marins, connaissance des bois, chasse, nourriture, pêche, superstitions et religions, médecine, guerre, langage, reliques indiennes, art dérivé des Indiens ». On y trouve très exactement les entrées d'un livre d'ethnologie.

Ces notes de lecture ne vont pas sans l'observation qui suppose chez lui des voyages, des marches, des balades, des pérégrinations sur le terrain. Pas question, pour cet homme qui critique les livres, de s'en passer, mais pas question non plus de se contenter que d'eux : il veut aussi et surtout, d'abord, le contact avec la nature, l'expérimentation de la présence au monde, la démarche sensuelle et sensorielle : regarder, contempler, observer, scruter, percevoir, écouter, entendre, toucher, palper, tâter, effleurer, sentir, flairer, humer, respirer, goûter.

Voilà pourquoi Thoreau essaie sa voix devant les montagnes qui lui restituent sa parole en écho, pourquoi il se penche pour regarder le monde entre ses jambes, pourquoi il s'allonge sur le lac gelé afin de surprendre la vie sous la glace, pourquoi il envisage de manger de la viande de marmotte crue, pourquoi il construit son canot, pagaie sur le fleuve, puis s'allonge dans le bateau, pourquoi il grimpe aux arbres, pourquoi il fait son potager, pourquoi il se baigne quotidiennement dans l'eau du lac par tous les temps, pourquoi il va pieds nus, pourquoi il travaille de ses mains, en construisant sa maison par exemple, pourquoi il marche dans la nuit, pourquoi il chasse et pêche, pourquoi il herborise et pratique la botanique, pourquoi il traverse des marécages avec de l'eau jusqu'au torse sous les piqûres de moustiques.

Les Indiens les plus frustes savent beaucoup plus de choses que les philosophes européens les plus aguerris. Ils savent, par exemple, distinguer suffisamment de détails d'un cèdre pour disposer de plus de cinquante mots pour les désigner ; ils sont capables d'entendre l'esquisse d'un sifflement de serpent à sonnette que n'entendent pas les Blancs ; ils peuvent faire venir à eux un animal en imitant les modulations de ses expressions ; ils ont observé que les poissons guident leurs petits exactement comme les poules avec leurs poussins. Platon, Kant et Hegel peuvent s'aligner…

S'il est un naturaliste haut de gamme, Thoreau est également un fin lecteur. Il n'y a pas chez lui d'observation de la nature sans lecture, ni lecture sans observation de la nature. C'est ce contrepoint qui constitue son originalité : il est sensualiste, empirique, praticien, expérimental, mais aussi penseur, philosophe, lecteur, méditatif. Il vit dans les bois et il s'imprègne de la *Bhagavad-Gita* ; il construit sa cabane et il médite les *Lois de Manou* ; il n'aurait rien contre manger du rat et il possède les *Vies parallèles* de Plutarque dans sa bibliothèque.

Une bibliothèque dont il a établi le catalogue : on y trouve aussi bien Homère qu'une *Histoire populaire des lichens anglais*, Dante qu'un ouvrage sur les papillons anglais, Cicéron que des volumes racontant la recherche en Arctique, Shakespeare que des opus consacrés aux coquillages, Euripide que des manuels de topographie, Sophocle que des livres d'ornithologie, Locke que des essais sur la minéralogie ou la géologie.

Thoreau se méfie des livres ; il sait que, dans une bibliothèque, certains sont nocifs et d'autres cardinaux. Nocifs ceux qui éloignent du monde pour ne célébrer que les idées ou les concepts qui font le bonheur des professeurs de philosophie ; cardinaux ceux qui se soucient du monde et permettent d'y être mieux, de mieux le penser, le comprendre, donc de mieux y vivre. Plutôt un traité d'apiculture que la *Phénoménologie de l'esprit*, donc. Comme il a raison !

Parmi les lectures qui ont compté pour lui, on trouve *Taïpi* d'Herman Melville, un texte qu'il lit pendant son séjour à Walden – entre 1845 et 1847. Melville écrit ce roman à son retour des mers du Sud à l'âge de 24 ans. Engagé sur un baleinier où le travail était dantesque, il a fui le bateau avant de côtoyer les Taïpis, une tribu cannibale qui menait une vie hédoniste sans tabous. Melville opposait la grande santé primitive à la maladie inoculée par les missionnaires chrétiens en Polynésie.

Ce que Thoreau aura pu retenir de ce récit qui mélange l'observation ethnographique et la fantaisie romanesque, c'est l'éloge d'une civilisation dite sauvage par ceux qui l'ont détruite, en l'occurrence : les pères blancs.

Melville écrit dans *Taïpi :* « Trois fois heureux sont-ils, ceux qui, habitant une île encore ignorée au beau milieu de l'océan, n'ont jamais subi le contact corrupteur des Blancs[1] ! » Comment peut-on imaginer que Thoreau n'ait pas souscrit à pareil constat, lui qui aurait pu écrire – pastichons : « Trois fois heureux

1. Herman Melville, *Taïpi*, La Pléiade, 1997.

sont-ils, ceux qui, habitant une région encore ignorée au beau milieu des forêts du Maine, n'ont jamais subi le contact corrupteur des Blancs ! »...

À l'époque de la parution du livre de Melville, on parle de *primitivisme*. Dans l'esprit du Rousseau contempteur de la modernité et admirateur d'une généalogie de l'humanité fantasmée avec le bon sauvage, une idée qu'on trouve déjà chez Montaigne, l'idée fait son chemin que notre civilisation moderne est barbare de par sa modernité même et que ceux que nous nommons les sauvages paraissent bien plus civilisés que nous sur plus d'un point, pour la bonne et simple raison qu'ils ne sont pas séparés de la nature, mais en osmose avec elle.

Dans cet esprit, les Américains contemporains de Thoreau ont certes exacerbé l'électricité et les ascenseurs, le chemin de fer et les baignoires, les machines et la vitesse, mais sont-ils plus heureux pour autant ? Non. On pourrait même avancer qu'ils sont probablement moins heureux, parce que séparés et non réconciliés avec eux-mêmes, assujettis et non sujets, aliénés et ignorants la liberté véritable qui est autonomie.

Les Indiens vivent avec la lumière naturelle, celle du soleil ; quand ils ont besoin d'une lumière artificielle, c'est celle d'un feu de bois ou d'une étoupe huilée dans une soucoupe de terre. Leurs maisons sont de plain-pied, chaque année ils les détruisent pour purifier par le feu et reconstruire ; à quoi bon vivre dans des immeubles comme les lapins dans des clapiers et grimper dans ces cages avec des ascenseurs ? Ils se baignent dans les lacs ou les fleuves, dans les rivières ou les ruisseaux, sous les chutes ou dans les cascades, ils n'en sont pas moins propres. Ils ignorent le moteur, mais à quoi leur servirait-il pour entrer et avancer dans le labyrinthe végétal de la forêt ou pour pêcher le saumon qui leur permet de se nourrir ? Ils ont des véhicules qui vont vite, mais que font-ils de ce temps gagné, sinon le perdre à des bêtises : lire les journaux, par exemple ?...

Le nom de Thoreau est attaché à celui de Walden, le lac éponyme du livre par lequel Thoreau est devenu célèbre dans le monde entier. Ce lac dispose d'une généalogie racontée par les anciens et ce sont les Indiens qui en sont à l'origine.

Au commencement était donc un *pow-wow*, autrement dit un rassemblement festif et sacré qui permettait aux communautés de se retrouver pour fêter des moments forts autour du chaman. Il y avait, bien sûr, des danses, des chants, des rites, des paroles magiques qui assuraient le contact des hommes et des esprits, de la nature et de la culture, de la tradition et de la descendance, des esprits et des vivants.

Cette cérémonie avait lieu sur une haute colline, au plus près du ciel. Thoreau ajoute que « leur langage était si profane » que la colline s'est mise à trembler, qu'elle s'est effondrée sur elle-même et qu'elle a disparu. Une seule femme en réchappa ; cette squaw se nommait Walden. Le lac prit son nom. Thoreau rapporte également qu'un ancien colon se souvenait d'un temps où il n'existait pas de lac et où apparut un sourcier qui chercha une source avec sa baguette de coudrier. Quand il trouva de l'eau, on creusa, et l'eau qui vint finit par faire le lac.

Bien sûr, une version contredit l'autre : en vertu du principe de non-contradiction, soit la mythologie dit vrai et le sourcier est une fiction ; soit le sourcier vint bien et c'est alors la mythologie qui est une fiction. Mais Thoreau, qui ne l'entend pas de cette oreille, écrit : « Cette légende indienne n'est nullement en contradiction avec le récit de cet antique colon dont j'ai parlé ». Il faut donc ainsi intellectuellement composer : le langage profane qui a fâché les dieux a entraîné la chute de la colline et la création du lac, mais, *en même temps*, un homme de l'art est venu un jour avec sa baguette de sourcier et, là où la colline a tremblé, il a fait creuser un puits qui a nourri ce qui est devenu lac...

Dans son *Journal* (1837-1861), Thoreau écrit que partout, si l'on sait interroger le sol, on trouve des pointes de flèches indiennes : « La race a disparu aussi complètement que le sable a été balayé par le vent. Voilà nos antiquités. Tels furent nos prédécesseurs. Pourquoi mener si grand bruit autour des Romains et des Grecs, et négliger les Indiens ? ». Thoreau invite donc à laisser tomber Platon & Aristote, Cicéron & Sénèque pour leur préférer ces antiquités indiennes.

Il le sait, le dit et l'écrit, les Indiens sont « race éteinte »... Il n'ignore pas, bien sûr, qu'il existe encore des communautés, puisqu'il les a visitées au lac Chesuncook, au lac de l'Allagash ou près de Concord River, où une communauté vivait encore dans des tentes. Autour d'un feu, il écouta les récits et les légendes. Mais il savait que, dans le pays des gratte-ciel et des ascenseurs, des baignoires et des locomotives, des ampoules électriques et des automobiles, ces Indiens n'étaient plus qu'une survivance, le dernier souffle d'un écho.

*

Comment être Indien dans un monde où il n'y a plus d'Indiens ? En faisant table rase des principes enseignés par la morale dominante, par l'époque, par les religieux, les pasteurs, les prêtres, les intellectuels, les philosophes, les penseurs, les journalistes et autres farcisseurs de crâne.

Ce que Thoreau incarne, c'est une philosophie américaine romantique. En Europe, on pense le romantisme à partir des forêts germaniques taillées en allumettes par l'idéalisme allemand – je songe à Schiller, Schlegel, Schelling, Novalis, Fichte, Hegel… La sylve épaisse qui empêche à la lumière de passer et crée des nuits dans lesquelles fermentent les songes se trouve mise en coupe réglée par le concept et l'idée.

Heidegger sera le dernier héritier de ce lignage qui fait bien de partir des sentiers et des forêts, des fontaines et des sapins, des huttes et des clairières, des sources et des chemins qui ne mènent nulle part, mais qui a tort de calciner le tout au grand feu de l'ontique et de l'ontologique.

Le romantisme français se bâtit à l'ombre de la Terreur de 1793. Le roi décapité signifie la mort de Dieu ; Thermidor annonce la fin de la religion révolutionnaire ; Bonaparte empoigne 1789 pour en faire une politique lyrique de l'individu qui fait l'Histoire. Mais cet individu est seul au monde, oublié de Dieu, ballotté par l'histoire, face à lui-même, perdu, angoissé.

Ce romantisme est gothique et catholique, contre-révolutionnaire et ennemi des Lumières. Il est plein de larmes et de colères, de plaintes et d'ennui, de solitude et de nostalgie, de spleen et d'affliction, d'égotisme et de narcissisme, de méditations sur les ruines et de regard perdu dans la voie lactée. Il sent la violette fanée.

Thoreau incarne un romantisme qui n'est ni celui de la forêt noire allemande ni celui des gibets jacobins français, mais celui des sagesses indiennes. Ses forêts ne sont pas taillées par le concept ou cisaillées par l'idée ; sa solitude n'est pas plaintive et geignarde, il ne propose ni de rire ni de pleurer, il regarde et voit ce que peu de Blancs voient, mais ce que tous les Indiens perçoivent.

Son romantisme est *réaction aux Lumières* : il croit en effet que, depuis Descartes et son invitation à soumettre la nature, nous avons inversé les valeurs parce qu'il faudrait bien plutôt nous soumettre à la Nature que tâcher de la soumettre ! L'homme qui invite à « être aussi calme et tolérant qu'un champ de pommes de terre » ne saurait faire du cartésianisme un progrès dans la pensée ! Pensée d'Indien...

Son romantisme est *primauté à la sensibilité* : il fait du cerveau un organe à la traîne et demande à la totalité de son corps de le renseigner sur le monde. Voilà pourquoi il ne boit ni thé, ni café, ni alcool, voilà peut-être aussi pourquoi il n'a pas de sexualité ou pas d'attache affective : pour disposer d'un corps très affûté afin de ressentir la moindre vibration du monde. Pensée d'Indien...

Son romantisme est *préférence du sublime au beau* : le beau est une catégorie accrochée au

Dieu monothéiste. L'homme qui écrit « Moi, le descendant de ces Normands qui adoraient Thor, je passe ma journée sans adorer ni Thor ni Christ[1] » ne saurait penser comme un judéo-chrétien. Il aime être en haut des arbres, aux sommets des falaises, sur l'éminence des collines pour se fortifier du spectacle de la nature. Le beau, qui est l'autre nom de Dieu dans la civilisation « jésuchristienne » (pour utiliser un mot de Derrida), laisse place chez lui au sublime, qui est le sentiment que ressent l'homme devant le spectacle grandiose de la nature – le fameux « sentiment océanique » que Freud emprunte à Romain Rolland. Pensée d'Indien…

Son romantisme est *passion de la vie organique* : contre la raison sèche et le pathos cérébral, il cherche et trouve les énergies et les forces, les puissances et les influx, les flux et les vigueurs. Thoreau propose de mener « une vie sphérique ». Qu'est-ce qu'une vie sphérique ? La vie qu'on obtient en faisant coïncider notre axe avec l'axe céleste. Pensée d'Indien…

---

1. Henry David Thoreau, *Journal* (1837-1840), Finitudes, 2012, p. 177.

Son romantisme est *volonté dionysiaque* : contre l'ordre et le chiffre, le nombre et la raison, l'équilibre et l'harmonie, les mathématiques et la ligne droite qui caractérisent Apollon, il veut ce que veut Dionysos : le friselis des pampres et la vertu bachique, le mouvement lent des plantes et le vouloir des arbres, le courant du fleuve et la force de la cascade, le murmure du lac et le langage du vent. Pensée d'Indien…

Son romantisme est *méditation sur les ruines* : il n'a aucun souci du Parthénon ou du Colisée, de l'église de la Nativité ou du Mur des lamentations, mais, on l'a vu, des traces de ce peuple mort, tué, qui a laissé derrière lui, comme de petits cailloux pour retrouver un chemin sacré, des « pointes de flèches, têtes de lances, tomahawks, haches, gouges, pilons, mortiers, binettes en stéatite, ornements pour le cou et la poitrine, et autres armes de guerre et de chasse[1] ». Il sait que la tradition est la vérité empirique qu'il ne faut jamais détruire sous peine de mort de la civilisation. Pensée d'Indien…

---

1. Henry David Thoreau, *Journal* (1844-1846), Finitudes, 2014, p. 56.

Son romantisme est *dandysme entre deux mondes* : Robert Stevenson a écrit un petit essai sur Thoreau auquel il a donné le titre d'*Un roi barbare*. Il était en effet un roi barbare ! Aux antipodes des faux dandys qui croient qu'en affectant une mise extravagante ils le seront, Thoreau savait que le véritable dandysme est une ascèse intérieure visible de soi seul. Elle propose une « construction de soi » à l'opposé de « la vie mesquine[1] ». Dans *Le Peintre de la vie moderne,* Baudelaire analyse le dandysme et le voit déjà chez Alcibiade ; il l'a vu aussi chez les Indiens rencontrés et racontés par Chateaubriand. Le dandy apparaît entre deux mondes : un qui finit, celui des Indiens, et un autre qui commence, celui des Blancs. Comme le dandy, Thoreau aspire « à une existence splendide[2] ». Pour ce faire, il faut se mettre à l'heure de la nature. Pensée d'Indien…

Son romantisme, enfin, est *célébration de l'artiste* : l'artiste n'est pas pour lui le peintre ou l'écrivain, le poète ou le romancier, le dramaturge ou le compositeur, mais tout un chacun, fut-ce la plus modeste des personnes, pourvu

1. Henry David Thoreau, *Walden*, Gallimard, 1990, p. 203.
2. *Ibid.*, p. 385.

qu'elle essaie de faire de sa vie une œuvre d'art. Thoreau a invité à vivre pleinement sa vie en l'élargissant au cosmos dans sa totalité. Pensée d'Indien…

Quand il se trouve aux portes de la mort après des mois d'agonie, il dit à l'un de ses amis : « Je vais quitter le monde sans regrets. » C'est la mort qui donne un sens à tout ce qui a précédé. Rater sa mort, c'est rater sa vie ; la réussir, c'est réussir tout. Thoreau meurt bien parce qu'il a bien vécu.

Avoir construit sa vie de façon à ne rien regretter le jour où on la quitte prouve que le philosophe a bien travaillé et qu'il est devenu sage. Lui qui avait passé sa vie à regarder la nature dans toutes ses manifestations, des plus petites, comme l'éclosion d'une fleur, aux plus grandes, comme l'arrivée chaque nuit de la lumière de la première étoile, comment aurait-il pu craindre d'y entrer plus profond ?

4

Une cabane transcendantale

THOREAU écrivait cette phrase terrible et tellement juste : « Il existe de nos jours des professeurs de philosophie, mais de philosophes, point. » Depuis que Deleuze a étendu les grandes ailes de son magistère philosophant sur le paysage intellectuel français et fait du philosophe un créateur de concepts, ou bien encore un inventeur de personnages conceptuels, le philosophe reconnu comme tel aujourd'hui se confond souvent avec l'inventeur de néologismes avec lesquels il joue, donc avec le créateur de glossolalies – de langages des autistes…

On peut ne pas souscrire à cette façon très universitaire de définir une discipline qui, du temps où elle n'était pas confisquée par les curés du christianisme, les curés de l'université, les curés de l'idéalisme allemand, les curés de la *French theory*, était l'occasion d'une conversion existentielle en vue d'une ascèse visible dans la vie concrète. Une vie de philosophe, c'était alors une vie philosophique.

Si le philosophe est un créateur de concepts, alors son domaine d'action se limite à son bureau, sa sagesse est faite d'un assemblage de morceaux choisis des livres de sa bibliothèque, sa vie se résume aux cours et aux séminaires qu'il professe du haut de son estrade et son existence se confond avec ce qu'il a écrit.

Le grand philosophe, selon cette définition, peut donc ne jamais sortir de son village, comme Kant, mais parler tout de même pour la planète entière ; il peut ne jamais regarder le monde, comme Derrida, mais se soucier des livres qui disent le monde et croire que tout ce qui est se résume à ce qui a été dit de ce qui est ; il peut pérorer sur des idées, comme Sartre, et n'avoir jamais pris la peine de lever son nez des pages du livre en cours. Ces façons de faire conduisent souvent à dire des bêtises, voire à en faire…

À l'époque où il écrit cela, Thoreau pense probablement à Emerson. Son ami Emerson… Mais Thoreau qui était un homme rude avait une conception rude de l'amitié. Quand il prononce l'éloge funèbre de Thoreau, Emerson ne manque pas de signaler ce trait de caractère : « Il y avait dans sa nature quelque chose de militaire et d'irréductible, toujours viril, toujours apte, mais tendre rarement, comme s'il ne se sentait bien lui-même qu'en opposition. Il lui fallait quelque mensonge à dénoncer, quelque sottise à mettre au pilori, un petit air de victoire, un roulement de tambour pour déployer pleinement ses facultés. Dire non ne lui coûtait rien et il le trouvait plus facile que de dire oui. Son premier mouvement instinctif en entendant une proposition était de la réfuter, tant il était impatient de ce qui borne habituellement nos pensées. Cette habitude ne va pas naturellement sans refroidir les affections sociales et, bien que, en dernière analyse, ceux qu'il rencontrait ne l'accusassent ni de malice ni d'insincérité, il y avait là quelque chose qui gênait la conversation. Pareille franchise décourageait tout commerce affectueux. » Le même Emerson dira : « J'aime bien Henry, mais il ne me plaît guère ; quant à lui prendre le bras, je préférerais saisir celui d'un orme. » Ambiance…

Quand Emerson avait effectué un voyage de dix mois en Europe qui lui avait permis de visiter Paris et de rencontrer Carlyle en Écosse, Thoreau habitait dans sa maison, prenait soin du jardin, s'occupait du bricolage et de l'intendance. Il écrivait sans vergogne à son ami qu'il s'entendait très bien avec sa femme et son fils et que, s'il devait ne jamais revenir de son périple européen, il s'occuperait très bien de tout cela : famille, femme, enfant, maison et jardin… Il ajoute même que son fils lui aurait demandé de bien vouloir être son père ! L'éloge funèbre si peu éloge et tellement funèbre fut-il la réponse du berger à la bergère ? Possible… Emerson rentrera d'Europe, Thoreau retournera vivre chez ses parents.

*

Le transcendantalisme d'Emerson fut un mouvement philosophique américain notable en même temps qu'une mode – comme le schopenhauerisme et le nietzschéisme en France. Or la mode est le pire qui puisse arriver à une philosophie puisqu'elle se délite, se dilue et se métamorphose en monstres construits avec des fantasmes et des projections.

Pour le dire en quelques mots, le transcendantalisme fut une philosophie changeante, mouvante, diverse et souvent relative à celui qui s'en emparait. Un petit texte d'Emerson intitulé *La Nature* paraît en 1836, il fonctionne comme le manifeste de cette sensibilité philosophique. Ajoutons à cela *La Confiance en soi* et *L'Intellectuel américain*.

À partir de ces articles, nous pourrions définir le transcendantalisme en nous appuyant sur sept thèses : Dieu existe ; la connaissance s'effectue par intuition ; la vie se mène loin des foules ; la confiance en soi est une vertu cardinale ; le jugement d'autrui compte pour rien ; la contemplation de la nature est pourvoyeuse de jouissance ; il faut se changer plutôt que changer l'ordre du monde.

Le Dieu d'Emerson ne ressemble en rien à celui du judéo-christianisme, jaloux et vengeur, punisseur et méchant ; le philosophe renvoie à ce qui ne se trouve pas épuisé par la raison, l'analyse et la science : une âme du monde, une surâme qui assure l'être de son être et de sa permanence. Dieu est assimilable à l'esprit du monde, à l'énergie de la nature, à la force cosmique.

Dès lors, la connaissance n'est pas une affaire de déduction, d'analyse et de raisonnement, mais de sentiment, de sensation, d'intuition, de sympathie, d'empathie. Emerson souligne que le sommeil, le rêve, la folie, les animaux, les enfants, le sexe échappent à l'explication et relèvent du mystère.

Par ailleurs, le peuple, les foules sont incapables d'accéder au mystère du monde et à la sphère des idées. Seul le grand homme le peut, car il quintessencie les forces éternelles, il est le réceptacle de l'énergie du monde, il focalise le meilleur, il s'abandonne à ce que la nature exige de lui. L'histoire d'un peuple et d'une nation se résume à celle de ses individualités d'exception.

Ensuite, le transcendantalisme n'est pas un athéisme. Pas non plus exactement un panthéisme, même si cette formule paraît plus proche de ce qu'il est qu'un déisme ou un théisme – encore qu'Emerson croie que la prédestination protestante faisant la loi, on peut sans crainte s'abandonner à ce que la nature veut de nous, puisque ce sera ce que Dieu veut de nous, pour nous. La confiance en soi à laquelle il invite est confiance en Dieu et en la nature.

À quoi il faut ajouter qu'un être authentique s'avère anticonformiste : fort de sa confiance en lui, il doit se moquer du jugement d'autrui.

Il ne craindra pas ce qui pourrait sembler une contradiction au regard d'autrui : Dieu ne saurait vouloir autre chose que ce qui doit être voulu.

Enfin, puisque le monde n'est pas une substance, mais une représentation, un genre de projection de Dieu dans l'inconscient, il faut jouir de se savoir partie de cette surâme qui est Dieu et savoir que la contemplation de la nature y conduit.

Pour finir, Emerson ne croit pas que la politique puisse changer quoi que ce soit à l'ordre des choses. Il invite donc à ce que chacun se prenne en charge pour travailler sur soi et se faire le créateur de lui-même.

*

Thoreau est-il transcendentaliste ? Oui et non. Oui parce qu'il croit en Dieu, pratique la connaissance par empathie, il exècre les masses et les groupes, il ne croit qu'à la réforme individuelle, il célèbre théoriquement et pratiquement la confiance en soi, il prône et vit le non-conformisme, il pratique la contemplation et la jouissance mystique, il construit sa vie philosophique à partir de lui.

Mais non si on le compare à Emerson qui vit un transcendantalisme de bureau et de bibliothèque. L'auteur de *L'Âme du monde* fait de la nature un moyen pour parvenir à une fin, l'extase de type plotinien. Pour Thoreau, la nature est une fin en soi et non un moyen pour parvenir à plus qu'elle. Emerson veut spirituellement sortir du monde et demande cette sortie du monde à la nature ; Thoreau veut rester dans le monde, il veut jouir de la nature ici et maintenant, corporellement, physiquement. S'il fallait renvoyer à deux grands philosophes classiques, Emerson serait un platonicien et Thoreau un spinoziste…

Thoreau affirme qu'Emerson serait bien incapable de manier la brouette dans le jardin ; il voit dans cette incapacité pratique du pur esprit la preuve d'une différence fondamentale. Et, de fait, elle existe : Emerson est un philosophe en chambre, Thoreau, un penseur des champs. On imagine le second dévorer tout cru un petit mammifère, ce qu'il eut envie de faire un jour ; on voit plutôt le premier sirotant son thé au cours d'une conversation de salon sur la nature…

*

Thoreau a associé son nom à deux faits qui le résument assez bien : un séjour en prison et la vie dans une cabane. Dites ainsi, les choses prennent une belle ampleur : on imagine la vie du rebelle derrière les barreaux, l'existence de l'homme inflexible contraint par les pouvoirs à croupir des années dans un cul-de-basse-fosse, un genre de compagnon de route d'Auguste Blanqui qui a passé presque toute sa vie en prison.

De même, on se représente le philosophe en Diogène américain, vivant dans une cahute, en plein milieu des bois, hiver comme été, mangeant des glands, faisant griller les poissons de sa pêche et le gibier de sa chasse. On l'imagine bougon et misanthrope, ne recevant personne, préférant la compagnie des bêtes à celle des hommes.

Or, la biographie rend justice de ces clichés romantiques… Thoreau a effectivement été mis en prison en 1846 pour avoir refusé de payer des impôts qui servaient à entretenir le régime esclavagiste auquel il s'opposait. Mais, pour ce délit, il a été logé une nuit dans un petit local municipal. Le gardien qui le connaissait bien a voulu payer pour lui. Il a refusé.

Thoreau a été libéré le lendemain matin parce qu'une bonne âme de sa famille, probablement sa tante, a réglé la dette de façon anonyme, ce contre quoi il ne s'est pas insurgé. Interpellé la veille par la police alors qu'il se rendait chez son cordonnier, il est allé chez l'artisan juste après avoir été libéré. Une fois ses chaussures récupérées, il est parti ramasser des airelles.

Quant à la petite cabane, il y a effectivement vécu, mais de façon irrégulière, entre le 4 juillet 1845, jour de la déclaration d'indépendance aux États-Unis, et le 6 septembre 1847. Soit une villégiature selon ses caprices pendant vingt-six mois. Tous les deux jours, il rend visite aux siens, à quelques minutes de marche, et rapporte de quoi manger autre chose que le poisson du lac ou la marmotte des bois.

À la décharge de Thoreau, il n'a pas créé le mythe, pas plus qu'il ne l'a entretenu. Les informations biographiques n'ont jamais été cachées par lui, puisque c'est lui-même qui donne les détails de sa pratique de la cabane.

*

La cabane est pour Thoreau l'occasion de prouver que le transcendantalisme n'est pas une affaire de livres, mais une occasion existentielle. Même une seule nuit de cellule et même une pratique intermittente de la cabane suffisent à montrer que le philosophe vivait ses idées et pensait sa vie, qu'il associait la théorie à la pratique, la pensée à l'action, la philosophie à la vie. Qu'il n'était pas un professeur de philosophie, mais un philosophe.

Emerson avait prêté le terrain sur lequel Thoreau a construit la cabane au bord du lac Walden, un lieu proustien pour lui puisqu'il y venait enfant avec sa grand-mère et qu'à 7 ans, avec ses parents, il avait préparé une marmite de poissons sur un banc de sable.

Il imagine le lac sans fond, sans entrée et sans sortie, comme rempli d'une eau lustrale susceptible de le laver du péché originel de la civilisation. Il s'y baigne tous les jours, quelle que soit la saison. Quand sa surface est gelée, il s'allonge sur la glace et regarde sous elle la vie dans ses profondeurs. Il étudie les élévations et les baisses de niveau de l'eau – la respiration du lac, comme s'il s'agissait d'un être vivant…

La cabane occupe 13,5 mètres carrés du sol – 3 mètres sur 4,5 – et 2,50 mètres de hauteur. Il y a installé trois chaises pour ne recevoir que deux personnes à la fois. Il y a disposé un lit et une table. Une cheminée lui permet de se chauffer. Il reçoit des voyageurs, des paysans, des bûcherons, des esclaves fugitifs. Des philosophes aussi.

*

Il publie *Walden* en 1854. Il s'agit d'un authentique et grand livre de philosophie. On n'y trouve aucun concept, aucun personnage conceptuel, mais une réflexion sur les conditions de possibilités d'une expérience existentielle : comment mener une vie philosophique ? Thoreau n'invite pas à ce qu'on l'imite, mais il montre comment on peut faire, à charge pour chacun d'inventer son chemin, de trouver sa voie.

Grand et vrai livre de philosophie existentielle, dis-je. En effet. Thoreau propose ce qu'il nomme une « médecine eupeptique », autrement dit une médecine pour produire du bon, du bien et écarter le mauvais, le mal. Quelle est-elle ? Se féliciter de la splendeur de chaque matin ; opposer une volonté de jouissance au mouvement naturel de la négativité qui nous tire vers le pessimisme ; désirer le bonheur qui n'est pas donné, mais à construire ; se mettre ou se remettre au centre de soi ; transformer les inconvénients en avantages ; rechercher le positif dans le négatif ; vouloir faire de sa vie une fête.

Il invite également à refuser « la vie mesquine ». La vie mesquine, c'est la vie tournée vers les fausses valeurs : l'argent, les honneurs, le pouvoir, les richesses, la propriété, la réputation. C'est la vie salie par les vices de la société de consommation : convoiter, acheter, posséder, consommer, remplacer. C'est aussi une vie fausse avec autrui : une vie réduite à la surface, aux apparences, à la mondanité, aux salons, au bavardage.

Qui pourrait en effet ne pas souscrire à ce constat : « Il est bien évident que beaucoup, parmi vous, vivent des existences médiocres et basses » ? Ou bien ceci : « La majorité des hommes vivent des existences de calme désespoir. » En effet : nous ne nous appartenons pas ; nous perdons notre vie à la gagner ; nous vivons comme des machines ; nous remettons toujours notre vie au lendemain.

Que faire pour ne plus mener une vie mesquine ? Tout ce qui permettra une vie philosophique. C'est-à-dire ? Thoreau donne des recettes existentielles qui constituent autant d'exercices spirituels dans l'esprit de la philosophie antique. Il suffit d'extraire plusieurs phrases de *Walden* pour obtenir des principes de vie comme s'ils avaient été enseignés par Socrate ou Diogène, Épicure ou Sénèque.

Avant d'examiner ces principes pour une vie sage, j'ouvre une parenthèse pour préciser qu'à Socrate il emprunte le principe du « Connais-toi toi-même » ; il revendique l'inscience modeste, « Je sais que je ne sais rien », contre la science suffisante et prétentieuse des philosophes qui prétendent tout savoir sur tout ; il pratique, comme lui, la méditation devant la nature ou les paysages.

Aux cyniques, il emprunte la vie naturelle comme arme de guerre contre la vie culturelle ; la rusticité provocatrice dans la vie la plus concrète ; le dénuement qui ne va pas chez lui sans vêtements sales et refus de l'hygiène moderne ; les leçons de choses données par la nature en général et les animaux en particulier ; l'insoumission généralisée ; la misanthropie pratique, jusqu'aux coups de bâton (métaphoriques pour Thoreau...) assenés aux gêneurs...

Aux épicuriens, il emprunte une diététique des désirs susceptible de produire un plaisir qui n'est pas abandon à ses instincts, mais construction de ses plaisirs ; il définit le bonheur comme absence de trouble et, dans la foulée, trouve des vertus à la frugalité, à la chasteté, à la continence ; il met la science au service de la morale – la physique pour Épicure et Lucrèce, les sciences naturelles pour Thoreau.

Aux stoïciens, il emprunte l'identification de Dieu, de la Nature et de la force qui la constitue ; il fait de la douleur et de la souffrance des représentations sur lesquelles on peut agir pour les minorer, voire les supprimer ; il croit au formidable pouvoir de la volonté ; il est serein face à la mort parce qu'il sait qu'elle est, non pas disparition, mais dilution dans le grand Tout...

*

Revenons aux exercices spirituels. Voici six formules : « Explore-toi toi-même » ; « Vivre la vie qu'on a imaginée » ; « Aime ta vie » ; « Simplifiez, simplifiez » ; « Fais-toi un corps parfait » ; « Vivez libres et sans liens ». Précisons.

La première : « Explore-toi toi-même. » Emerson affirmait : « Voyager est le paradis des sots. » À quoi bon, en effet, faire le tour du monde quand partir à la recherche de soi s'avère une odyssée nettement plus rentable d'un point de vue existentiel ? Voyager, c'est souvent se perdre. Partir en quête de soi, c'est peut-être se retrouver.

La deuxième : « Vivre la vie qu'on a imaginée. » Aller dans la direction de ses rêves, ne pas être infidèle aux promesses que nous nous sommes faites dans notre adolescence. Thoreau écrit cette phrase extraordinaire : « Si vous avez bâti des châteaux en l'air, votre travail n'en sera pas forcément perdu : c'est bien là qu'ils doivent être. Maintenant, il n'y a plus qu'à placer les fondations par en dessous… »

La troisième : « Aime ta vie. » Thoreau apprécie, je l'ai déjà dit, les textes spirituels, les Évangiles, la *Bhagavad-Gita*, la Bible, les textes mythologiques de toutes les civilisations. Il estime aussi les grands maîtres spirituels, Jésus et Zoroastre, Bouddha et Confucius. Mais il n'aime pas la religion chrétienne qui a fâché les hommes avec la vie, le vivant, la nature. « Nos mœurs se sont corrompues au contact des saints », écrit-il. Il n'aime pas non plus l'idéal ascétique des brahmanes. Aimer sa vie, c'est aimer en soi la vie qui veut la vie. C'est laisser faire la nature, vivre pleinement chaque instant, ignorer le péché.

La quatrième : « Simplifiez, simplifiez. » Ce que nous possédons nous possède, il faut donc cesser de passer sa vie à la perdre et arrêter de vouloir gagner sa vie, car ce qu'on gagne nous perd. Ce que l'on a, ce que l'on veut, ce que l'on atteint, ce que l'on possède, tout cela nous perd.

Il faut donc simplifier le logement : se loger, c'est se protéger des intempéries, point à la ligne ; nul besoin de maisons extravagantes et trop grandes, trop coûteuses et pour lesquelles on s'endette une vie durant.

Il faut simplifier le vêtement : s'habiller, c'est dissimuler sa nudité et garder sa « force vitale » intacte ; il faut donc des habits simples, fonctionnels, durables, utiles, peu coûteux. Il faut repriser, réparer. Suivre la mode, c'est se transformer en porte-manteau.

Il faut simplifier l'alimentation : manger, c'est restaurer des forces perdues avec des aliments simples, sains et pas chers. Il faut cultiver son blé, faire son pain, avoir un potager, supprimer le sucre et le remplacer par la betterave, passer en douceur d'un régime carné au végétarisme, éviter les excitants inutiles – ni café, ni thé, ni alcool donc, et boire de l'eau.

Il faut simplifier l'activité : si l'on connaît la tristesse, la mélancolie, l'ennui, le souci, l'angoisse, c'est parce qu'on vit mal. Il faut travailler pour produire et rien d'autre. On inversera donc l'ordre des choses et l'on travaillera le septième jour pour se reposer les six autres. Il faut occuper son temps autrement : quatre heures de marche par jour, méditer dans la nature.

Il faut simplifier ses lectures : lire peu de livres, mais les bons qui sont ceux qui contribuent au projet d'édification de soi. Éviter les journaux qui exploitent ce qu'il y a de plus bas en l'homme. Les journalistes écrivent ce qu'attendent ceux qui les paient ; ils désinforment ; ils formatent la pensée d'une nation ; ils abêtissent leurs lecteurs avec des faits divers, des potins, des commérages, des histoires de chiens écrasés ; ils sont incapables d'analyse ; ils ne se soucient pas de ce qui dure.

La cinquième : « Fais-toi un corps parfait. » La pratique des exercices spirituels qui précèdent contribue à produire un corps parfait. Sobriété, frugalité, simplicité, austérité génèrent un corps sain, propre et net, donc une âme impeccable. Le sage ne craint plus la pluie, le froid, le chaud, la soif, la faim, l'ennui, la crainte, la mélancolie, l'angoisse, la peur, le désespoir. Le voilà donc libre…

La sixième : « Vivez libres et sans liens. » On imagine mal Thoreau marié et père de famille ! Même s'il a manifesté dans sa jeunesse une passion pour une jeune fille qui montre qu'il n'était pas dépourvu de libido, ou que les charmes de madame Emerson aient pu le troubler, Thoreau fut un célibataire endurci. Il aime sa compagnie plus que celle des autres qu'il tient à distance. Quant à l'humanité, n'en parlons pas. Il écrit clairement : « Je n'irai pas me précipiter au coin de la rue pour voir le monde partir en fumée »…

Il déteste la domesticité chez les animaux, comment pourrait-il la vouloir pour les humains ? Une bête sauvage doit le rester ; il est ridicule de vouloir transformer un loup en animal de compagnie ou d'espérer faire un loup avec un mouton.

Il n'a aucunement le souci de faire le bien de l'humanité. La philanthropie le dégoûte. La charité entretient l'injustice. Faire l'aumône, c'est habituer les pauvres à l'assistance. On entretient ainsi un système qu'on devrait supprimer. Thoreau ne croit qu'à la révolution spirituelle. S'il devait faire un geste pour sauver l'humanité, il ne le ferait pas, nous dit-il.

Mais le bougon n'était pas aussi misanthrope qu'il voulait bien le laisser paraître. L'esclavagisme fera de lui un militant politique abolitionniste dans un second temps de sa vie. La mort empêchera ce Thoreau-là de développer sa fibre révolutionnaire. Son *Plaidoyer pour John Brown* fit de lui un défenseur de la violence politique. Le penseur pacifiste de *La Désobéissance civile* renonçait alors à la révolution pacifique pour lui préférer la violence… La mort le cueille là. Hélas !

*

Walden comporte une utopie politique. C'est du moins mon hypothèse. La chose n'est jamais dite. Elle mérite toutefois d'être précisée. Thoreau décrit une maison primitive construite dans un âge d'or. Elle est faite avec des matériaux solides et ignore les ornements. Elle n'a pas de plafond, la charpente est visible, les poutres sont à nu. Elle est profonde comme une caverne, il faut même une torche pour en apercevoir le toit. Une seule vaste pièce sert de cuisine, de chambre, d'office, de salon, de grenier. Une grande cheminée chauffe le voyageur de passage qui est toujours bienvenu. Un ragoût cuit dans l'âtre en permanence. Le four cuit du pain qui embaume la pièce. Accrochés à une patère, tous les objets sont utiles et visibles.

Ceux qui l'habitent, pour les uns, vivent au coin du feu ; pour certains, dans l'embrasure d'une fenêtre ; pour d'autres encore sur des bancs ; ou bien au bout de la salle. Si l'on a envie de vivre comme une araignée, dit Thoreau, on peut vivre dans les poutres… On y vit ce que l'on veut, quand on veut, comme on veut. Chacun dort, mange, converse, se lave à ses heures. L'hospitalité y est totale.

Un roi, une reine, un paysan s'y côtoieraient en toute simplicité. Cette communauté permettrait la pratique des vertus prônées par le philosophe : simplicité, austérité, rusticité, fonctionnalité, vérité, authenticité, frugalité, sobriété, sincérité, félicité, liberté, bonheur, quiétude, bien-être.

N'est-ce pas une abbaye de Thélème américaine ? Une utopie concrète que chacun peut commencer à pratiquer dès l'instant où il le décide ? Thoreau enseigne la vraie révolution, la seule qui vaille et ne fasse jamais couler de sang : celle qui permet, en se changeant et en invitant autrui à se changer, de changer l'ordre du monde.

5

Le contre-frottement qui arrête la machine

« Faites en sorte que votre existence soit un contre-frottement qui arrête le mouvement de la machine. »

HENRY DAVID THOREAU,
La Désobéissance civile.

IL existe plusieurs Thoreau politiques : l'*écologiste* des jeunes années, l'auteur de *L'Esprit commercial des temps modernes et son influence sur le caractère politique, moral et littéraire d'une nation* – il est alors un étudiant de 20 ans à Harvard et le jeune homme qui suit ; le *pacifiste* de *La Désobéissance civile,* qui deviendra le maître à penser du Mahatma Gandhi et de Martin Luther King ; l'*individualiste* de *Walden ;* le *violent* des derniers temps qui exècre l'esclavage et veut en finir avec cette ignominie, y compris par les armes – le penseur du *Plaidoyer pour John Brown*. Mais il s'agit bien sûr du même Thoreau.

C'est le même Thoreau selon des angles d'attaque différents – un peu comme la statue de la Liberté est même en tant que telle, mais différente si on la regarde de loin, au pied, de face, de dos, en elle ou en dehors d'elle. Thoreau fut libertaire, c'est son épine dorsale politique. Il le fut de différentes manières selon les temps, les âges, les événements qu'il traversa : écologiste et libertaire, pacifiste et libertaire, individualiste et libertaire, violent et libertaire. Mais toujours libertaire, autrement dit, faisant de la liberté – et non de la licence qui est loi de la jungle – le souverain bien. La liberté, pour lui, c'est l'autonomie, l'indépendance, la souveraineté sur soi-même. C'est l'art de se donner ses propres règles et de vivre en leur regard, sans jamais nuire à autrui. C'est la sculpture de soi, la construction de soi, sans se référer à un catéchisme, fût-il un catéchisme contre les catéchismes.

Écologiste face à ce qu'on n'appelle pas encore la société de consommation, la modernisation, les pleins pouvoirs de la technique, l'offense faite à la nature, les gadgets de la modernité, les pleins pouvoirs de l'argent, la tyrannie des journalistes ; *pacifiste* quand il refuse de payer ses impôts sachant que son argent financera le combat des États-Unis contre le Mexique et qu'il invite chacun à faire ce à quoi il croit pour réaliser une révolution par capillarité ; *individualiste* quand il tranche le nœud gordien du *se changer ou changer l'ordre du monde,* car se changer, c'est contribuer à changer l'ordre du monde ; *violent* quand il comprend qu'on ne répond pas à la violence physique par des mots, car se contenter du verbe ou de la désobéissance ne suffit pas dans certains cas et conduit au martyre, puisque le violent n'hésitera pas à abattre le non-violent.

*

On l'a vu dans ses écrits de jeunesse, le jeune homme porte en lui toutes les potentialités de l'homme mûr. Il est déjà politiquement ce qu'il ne cessera d'être sur ce terrain. Une exception, une singularité, une subjectivité, une figure inclassable. Un homme libre, une denrée rare chez les philosophes tout autant que chez les hommes du commun. Thoreau ne veut ni suivre ni guider, ni avoir un maître ni devenir un maître, ni être commandé ni commander – alors que tant d'hommes qui ne veulent pas être assujettis ne cessent d'assujettir autrui.

Thoreau veut mener une vie philosophique, ce qui, chez lui, se confond avec mener une vie simple. Pas de travail au-delà de ce qui est nécessaire pour subvenir à ses besoins élémentaires. Pas de famille : avoir charge d'âmes, femme et enfant, c'est vivre pour eux, donc cesser de vivre pour soi. Pas de patrie : que signifient des frontières humaines quand la nature impose les siennes avec des montagnes et des plaines, des rivières et des océans ? Pas de liens : il ne veut dépendre de personne et ne souhaite pas non plus que d'autres dépendent de lui. Pas d'obligations morales à l'endroit d'autrui : la morale est une affaire entre soi et soi. Pas d'emploi du temps : il faut vivre à son heure, selon ses besoins, en fonction de ses envies. Pas de vie mutilée, mais une vie inventée. Pas d'idéal séparé de la vie : il faut réaliser ses rêves, cheminer en compagnie d'un idéal. Pas de vie préfabriquée, mais une vie vécue comme une œuvre d'art, comme une création originale, sans double.

Autrui ne fait pas partie de son souci. Il affirme régulièrement sa détestation de la philanthropie. Alors qu'un incendie ravage les terres d'un voisin paysan après une maladresse de sa part lors d'un pique-nique avec un ami, une malédiction pour le fermier, Thoreau s'installe sur un monticule et contemple l'incendie sans aucune empathie pour l'homme ravagé. La beauté du spectacle, son caractère sublime, voilà qui compte plus, pour lui, que les dommages et les dégâts. Nous sommes en avril 1844.

Est-ce un signe de narcissisme, d'égotisme, d'égocentrisme ? En février 1852, il répond lui-même à ce reproche : « S'il y a des gens qui me croient vaniteux, qui pensent que je me mets au-dessus des autres et chante victoire, qu'ils sachent que je pourrais raconter une piteuse histoire sur moi autant que sur eux-mêmes, si j'avais assez de cœur pour le faire ; la liste de mes défaillances est assez longue pour les encourager et je pourrais énumérer des fautes aussi répugnantes que celles qui offensèrent jamais le ciel ; qu'ils sachent que je pense plus de mal de moi qu'ils ne pourront jamais en penser, car je me connais mieux qu'ils ne me connaissent. Je ferai aussi bonne contenance que possible. Je leur livrerai ce secret, s'ils ne le disent à personne. »

Thoreau n'aime pas la nature humaine, non parce qu'il s'aimerait, mais parce qu'il estime probablement qu'au regard de la nature, l'homme ne fait pas le poids. Dans « nature humaine », ce qui le gêne, c'est « humaine »... Les humains ont oublié leur nature au profit d'une culture qui les a éloignés de l'essentiel – au contraire des Indiens qui, eux, sont encore pour un temps les gardiens d'une véritable sagesse immémoriale. L'homme est son propre prédateur ; il détruit aussi la nature. Pas question de prendre le parti de l'homme contre la nature : il prend le parti de la nature contre l'homme.

C'est le sens de ce texte de jeunesse, *L'Esprit commercial des temps modernes et son influence sur le caractère politique, moral et littéraire d'une nation.* Il a 20 ans, il s'agit de son discours de fin d'études à la prestigieuse école de Harvard en 1837. Devant l'assemblée des professeurs au grand complet, devant ses compagnons d'étude aussi, Thoreau avoue sa détestation de l'esprit commercial ; il critique l'argent roi ; il fustige la mécanisation ; il fait l'éloge d'une vie de résistance à ces divinités modernes.

Pour vivre, il devient instituteur à l'école publique de Concord. Il refuse les châtiments corporels, ce qui n'est pas du goût de l'institution. Il démissionne. L'année suivante, en 1838, il ouvre une école avec son frère. Les principes qui les animent sont libertaires : sorties d'éveil dans la campagne, herborisation dans la nature, évidemment, aucun sévice corporel, les enfants sont même associés au processus disciplinaire.

Élève rebelle, professeur indiscipliné, ce tempérament libertaire n'aime rien tant que la vie au grand air, dans la nature. En 1839, il part avec son frère deux semaines en excursion sur l'eau et rédige *Une semaine sur les rivières de Concord et Merrimack.* Son frère a des problèmes de santé, ils ferment l'école. Le livre paraît à compte d'auteur dix ans plus tard. Son frère a succombé au tétanos entretemps, le 12 janvier 1842. Quatre années après sa parution, il a vendu deux cent vingt-cinq exemplaires de ce livre et donné vingt-cinq d'entre eux. L'imprimeur lui renverra les sept cent six invendus. Ce qui lui fera écrire : « Ma bibliothèque comportait près de 900 livres dont plus de sept cents écrits par moi... »

À la demande d'Emerson, il rend compte de l'ouvrage technophile du fouriériste John

A. Etzler pour qui la technique va libérer le genre humain de la peine, de la souffrance et du travail. Titre du livre : *Le Paradis à portée de tous les hommes, sans travail, par la puissance de la nature et de la mécanique.* Compte rendu du livre : rien de ce que prévoit Etzler n'a d'intérêt – machines agricoles, énergies renouvelables (éolienne, solaire, marémotrice), gouvernements éclairés. À cette écologie technophile issue de Fourier, Thoreau oppose la réforme morale, la satisfaction des seuls besoins nécessaires, un rapport pacifié avec les animaux et la nature, un comportement exemplaire. À cette époque, le combat Etzler/Thoreau initie l'opposition des écologistes technophiles et des écologistes technophobes. Écologie des villes contre écologie des champs.

*

Dans les conférences qu'il donne autour de Concord, il en intitule une *Marcher*. L'homme y est présenté non comme un produit de la culture, un élément de la société, mais comme un fragment de la nature. Il n'est pas question pour lui de faire l'éloge de la marche comme activité de loisir, comme une pratique bonne pour la santé ou comme un sport de troisième âge !

Thoreau fait de la marche une ascèse radicale qui n'a rien à voir avec la santé, le loisir ou la détente : « Si vous êtes prêt à quitter père et mère, frères et sœurs, femme, enfants et amis pour ne plus jamais les revoir, si vous avez effacé vos dettes, rédigé votre testament et réglé toutes vos affaires, si enfin vous êtes un homme libre, alors vous êtes prêt pour marcher. » Marcher, c'est donc marcher vers son destin, ce qui suppose le dépouillement total afin de se retrouver seul face à soi-même pour se construire avec ce matériau purifié par la marche.

L'idéal serait de marcher quatre heures par jour. Ce qui veut dire : en finir avec les bureaux, les salons, les endroits clos. De plus, marcher ne s'effectue pas dans les jardins, les squares, les esplanades, les pelouses ou les espaces verts des villes, mais dans la nature, les champs, les marécages et les bois. Ainsi, on ne marchera pas sur les routes, qui ont été construites pour les chevaux, les voitures et les hommes d'affaires, mais dans les chemins, au contact direct avec la forêt, les sous-bois, la campagne.

Le marcheur n'ira pas vers quelque part en particulier, mais vers l'ouest en général, car c'est la direction de la découverte, de l'aventure, du méconnu à connaître. Aller vers l'est, c'est se diriger vers le passé, les sources, l'Europe, la Grèce. On obéira à l'instinct migrateur des animaux, au magnétisme de la nature qui nous anime si l'on sait s'en souvenir et qu'on se met à ses leçons.

Il faut retrouver en nous la part animale et sauvage, primitive. Thoreau avoue préférer les odeurs fortes du rat musqué et du trappeur à celles de la poussière du professeur qui passe tout son temps dans les bibliothèques. « Ce qui est sauvage s'accorde avec la vie et le plus vivant est aussi le plus sauvage », affirme le philosophe.

Car le savoir, la culture, les livres, les bibliothèques comptent pour rien quand ils nous éloignent de la nature. Et c'est tellement souvent le cas ! Où sont les livres qui nous ramènent vers la nature ? Il faut les trouver, les lire, les méditer afin de faire de la lecture une activité en symbiose avec la marche.

Thoreau grimpe en haut des arbres : c'est là qu'il voit bien et mieux le monde, de là qu'il comprend ce qu'aucun livre ne permet de comprendre. Au sommet des frondaisons, loin du monde et des gens, loin des livres et des bibliothèques, il est vraiment en « sympathie avec l'intelligence ».

*

Une autre conférence a pour titre *La Vie sans principe*. Avec *Marcher*, elle constitue un plaidoyer pour une politique de l'écologie – plus que pour une politique écologiste. Pas question de faire confiance à des gouvernements pour préserver la nature : la mécanisation est en route, l'industrialisation aussi, la civilisation fait la loi comme antinature. Il faut mener une vie écologique, et non écologiste, autrement dit, une existence en symbiose avec la nature, non pas en compagnie de la nature, en face d'elle, avec elle, mais *en elle*, intimement en elle.

Dans cette conférence, Thoreau s'oppose au travail qui empêche qu'on se soucie des choses vraiment essentielles : la poésie, la philosophie, la vie. Le salariat avilit l'homme ; il l'abaisse, le contraint. Il fustige les héritiers tout autant que les assistés : vivre d'un héritage ou d'une aide de l'État s'avère pareillement indigne d'un homme digne de ce nom. Il méprise l'or et disserte contre ceux qui ont participé à la ruée vers l'or, un choix atterrant, immoral, veule. Les Américains sont « les esclaves d'un tyran économique et moral ». Esclaves du négoce, des préjugés, des conventions, du commerce, de l'industrie, de l'argent. La politique, quelle qu'elle soit, ne remet jamais ces vices en cause. Les journaux célèbrent ces vices dont ils prétendent qu'il s'agit de vertus.

La presse transforme l'accessoire en essentiel, elle s'attarde sur le futile et nous détourne de ce qui est fondamental – la vie philosophique. Les faits divers prennent toute la place, les choses vulgaires s'installent au-devant de la scène. Dès lors, cette vulgarité nous infuse, elle nous contamine, elle nous salit. Au contraire de Hegel, qui en faisait la prière matinale obligatoire du penseur, il faut donc se tenir loin des journaux.

Voilà pourquoi Thoreau attaque la presse. Il écrit : « Lire le journal une fois par semaine est encore trop pour moi. » Plus tard, dans *L'Esclavage dans le Massachusetts*, il ajoute : « Aucun pays, sans doute, n'a jamais été gouverné par une classe de tyrans aussi minables que ne le sont, à quelques nobles exceptions près, les rédacteurs de la presse périodique dans ce pays. Et comme ils vivent et règnent par leur servilité, en faisant appel au plus bas – et non au meilleur – de la nature humaine, les gens qui les lisent sont comme le chien qui retourne à son vomi. » Et puis, ne boudons pas notre plaisir, parlant du *Boston Herald :* « Lorsque j'ai pris ce journal, après m'être retroussé le bas des manches, j'ai entendu le gargouillement des égouts à travers chaque colonne. J'ai senti que j'avais en main un journal ramassé dans le caniveau, une feuille détachée de l'évangile du tripot, du cabaret et du bordel, répondant en chœur à l'évangile de la Bourse. »

Thoreau confesse ne pas lire les journaux qui parlent de politique. La politique, pour lui, n'est pas politique politicienne, mais politique au sens noble et antique du terme : la vie dans la cité. Sa formule politique à cette première époque de sa vie ? Vivre en dehors de la cité, loin d'elle, sans souci d'elle, dans son exact opposé – la nature. Mener cette vie qu'on dirait aujourd'hui « décroissante », voilà une option politique. Celle qui lui permettait d'écrire dans *La Désobéissance civile :* « Que votre vie soit le frottement qui arrête la machine. »

Au nom de cette thèse, on peut donc, insoucieux du monde et des autres, vivre dans les bois avec pour seul souci la connaissance de la nature, la joie d'être en elle en toutes occasions, toutes saisons, toutes heures du jour et de la nuit. Vivre une vie philosophique se confond alors avec l'exercice de la nature comme occasion d'une sérénité construite. Oublier les hommes, détourner le regard de l'humanité, ne pas se soucier de ce qui fait le quotidien du genre humain et assurer son salut d'individu, de singularité déconnectée du reste de ses semblables – qui sont plutôt des dissemblables. C'est le temps de Walden, « l'œil liquide de la Terre » comme il le dit dans son *Journal* en décembre 1840. Le temps de la cabane transcendantaliste.

*

Au nom de cette même thèse, *être le frottement qui arrête la machine*, on peut aussi se vouloir une force de résistance plus qu'une force d'inertie. Force d'inertie : vivre dans les bois ; force de résistance : désobéir pour réaliser ce qui nous semble juste. Non plus vivre pour soi, mais vivre contre ce qui empêche de vivre pour soi.

C'est le second temps dans la si brève existence de Thoreau. Le temps de *La Désobéissance civile,* un très grand petit livre. Je ne sais pas s'il a lu le *Discours de la servitude volontaire* d'Étienne de La Boétie. C'est peu vraisemblable. Il eût fallu une traduction américaine à cette époque et le caractère quasi confidentiel de ce texte, même en France, pendant des siècles rend fort improbable une traduction, même non éditée. Une conversation, peut-être, avec quelqu'un qui aurait lu le texte de l'ami de Montaigne ? Fort improbable aussi, justement pour cause de confidentialité française de ce texte.

Toujours est-il que le livre de Thoreau entretient une étonnante fraternité intellectuelle. L'un et l'autre ouvrent la voie d'une pratique politique libertaire radicale – c'est celle dans laquelle je me retrouve. Pas d'appel au crime, au meurtre et au sang chez l'un et l'autre ; pas de têtes sur le billot ou au bout des piques pour réaliser la liberté ; pas de guillotine, de terreur, de camp de concentration au nom du bien de ceux qu'on décapite ou qu'on enferme ; pas de massacre des hommes au nom de l'humanité ;

pas d'armées, de milices, de soldats tirant sur les hommes pour le bonheur futur – juste une recette extrêmement simple : le pouvoir n'existe que par le consentement de ceux sur lesquels il s'exerce, il suffit de ne plus consentir pour obtenir que le pouvoir s'effondre. Voilà. C'est tout. Point à la ligne.

Pas besoin de longs discours ou d'œuvres complètes longues comme le bras sur le rayonnage d'une bibliothèque pour expliquer comment réaliser le bonheur des hommes, telles celles de Lénine ou Staline, Trotski ou Mao ; rien d'autre que cet appel à la responsabilité et à la volonté de chacun : ne plus vouloir dans les faits ce qu'on prétend ne pas vouloir dans les mots. *Agir et réagir, cesser de gémir*. La révolution est affaire de volonté ici et maintenant, pas d'idéal demain ou après-demain.

Comment et pourquoi Thoreau en arrive-t-il à écrire *La Désobéissance civile* – ce qui est une façon de sortir du bois ?... Le texte est aussi traduit par *Résistance au gouvernement civil*, ce qui est plus conforme au titre anglais. Thoreau appelait à la *résistance* et non à la *désobéissance* – il y a dans la première une force d'inertie qui ne se trouve plus dans la seconde, qui est force d'opposition. L'usage qui fut fait de ce texte a gauchi le texte et le terme a obéi à ce gauchissement.

On connaît la généalogie de ces pages. Redisons-la brièvement : Thoreau passe une brève nuit en prison pour n'avoir pas payé ses impôts pendant six années au prétexte qu'ils servaient à entretenir un régime esclavagiste auquel il s'opposait. Le paiement par une âme généreuse et anonyme lui vaut de recouvrer la liberté le lendemain. Le gardien de la prison, en fait une petite cabane sur le seuil de laquelle les prisonniers fument leur cigarette le soir, a voulu payer lui-même l'amende pour Thoreau qu'il connaissait. Nous sommes loin de dix années à Alcatraz...

Enfermé, le philosophe prend l'État en pitié et lui retire le peu d'estime qu'il lui portait encore : il enferme le corps, certes, mais l'âme reste libre ! L'emprisonnement est chose ridicule. Fidèle à sa grande santé vitaliste, il transforme l'inconvénient en avantage : la porte s'est refermée sur lui, il ne peut plus sortir, aller et venir ? Peu importe. Il regarde le ciel de son petit village natal et se fait tout entier oreille et nez : il écoute et entend les bruits du monde, il sent les odeurs et les parfums du monde. Concord lui semble un village médiéval, avec les bruits du soir, les sonneries de l'horloge, les paroles des gens qui passent, la conversation des gens dans la cuisine à côté. On ne met pas en prison l'intelligence d'un philosophe.

Thoreau ne veut pas fabriquer une fiction, construire un mythe avec cet événement. Il écrit juste une conférence d'abord intitulée *La Relation de l'individu au gouvernement*. Il la donne en janvier 1848, puis le mois suivant. Pas question, à l'époque, de *résistance* ou de *désobéissance* dans le titre. Elle est alors publiée dans une revue très confidentielle, qui n'eut qu'un numéro, avec pour titre *Résistance au gouvernement civil*. C'est seulement lors d'une publication posthume en 1866 que le texte devient *La Désobéissance civile*, probablement au regard de ce que le dernier Thoreau écrivit en faveur de John Brown.

Thoreau inaugure son texte par une profession de foi libérale ou libertaire : « Le meilleur des gouvernements est celui qui gouverne le moins. » À quoi il ajoute : « Le meilleur gouvernement est celui qui ne gouverne pas du tout. » Un libertarien contemporain y retrouverait ses petits… L'idéal est dans la disparition du gouvernement ; pour l'heure, il s'agit de travailler à l'amélioration du gouvernement, et non à sa disparition. Il veut réformer les tribunaux, pas en finir avec eux. Il avoue respecter les lois et la Constitution, le gouvernement et l'État. Cette fois-ci, un réformiste social-démocrate peut s'y reconnaître.

Le gouvernement ne gouverne pas parce qu'il est juste, mais parce qu'il est fort. En face de ce gouvernement, l'individu n'a pas à obéir parce que le gouvernement serait gouvernement (puisqu'il n'est que force et pas forcément juste), mais parce qu'il serait juste. Le sens du bien est ce qui doit animer l'individu dans sa relation avec le gouvernement – qu'on ne voit d'ailleurs que sous la forme du collecteur d'impôts ou du policier qui demande des comptes à celui qui n'aura pas payé ses impôts...

Dès lors, il lui obéit quand il est juste ; il lui désobéit quand il ne l'est pas. Il s'agit donc pour chacun de faire fonctionner son jugement avant d'obéir ou pas, et non d'obéir bêtement. Quiconque pense avant d'obéir est considéré par le gouvernement comme un ennemi. Car le gouvernement, lui, veut être obéi parce qu'il est gouvernement.

Ainsi, alors qu'en Amérique un sixième de la population vit dans l'esclavage, le sens moral nous oblige à ne pas souscrire au gouvernement quand il justifie, légitime et légalise cette abjection. Aucune loi ne pourrait faire que l'esclavage qui est un mal fût un bien. Dès lors, il faut « songer à une révolution », affirme Thoreau. Une révolution : le mot n'est pas innocemment choisi.

Thoreau défend le vote. Lors d'une élection, on manifeste sa volonté. Le philosophe s'oppose à la guerre contre le Mexique et à son financement. Exprimer son opposition à cette guerre peut se faire dans les urnes. On peut aussi pétitionner. C'est bien.

Mais le mieux, c'est de refuser de payer ses impôts. L'action soutenue par un principe, voilà qui est « par essence révolutionnaire ». En présence d'une loi injuste, il faut « transgresser ». Thoreau écrit : « Faites en sorte que votre existence soit un contre-frottement qui arrête le mouvement de la machine. Il faut à tout prix que j'évite de prêter main-forte au mal que je condamne par ailleurs. » Puis ceci : « On ne peut attendre d'un homme qu'il accomplisse tout, mais qu'il fasse quelque chose. » On imagine l'effet d'un pareil discours dans des réunions publiques tenues dans de petites salles de village...

Thoreau explique qu'il a été cet homme ayant accompli ce geste qui ne refait pas le monde à lui seul, certes, mais qui pourrait le refaire si chacun faisait sa part. L'expérience de cet emprisonnement ne vaut pas par sa longueur ou sa brièveté, sa dureté ou son caractère détendu, mais par son exemplarité. Si une bonne âme n'avait payé pour lui, Thoreau aurait peut-être passé plus de temps en prison. Et l'on peut imaginer que son caractère n'aurait pas reculé devant une détention plus rude et plus longue. Il fallait faire ce qui a été fait, voilà l'essentiel.

Si chacun agit ainsi, alors l'État ne pourra pas emprisonner tout le monde. Quand, appuyant le refus de payer de nombreux citoyens, les fonctionnaires auraient démissionné, « une révolution pacifique » aurait été accomplie. Thoreau compte sur la détermination d'une poignée d'individus mus par la morale et la justice pour entraîner mécaniquement ce qui deviendrait une révolution. Il ne se soucie pas, hélas ! de penser ou de préciser les moyens de réaliser le passage de l'acte individuel à l'immense vague collective censée recouvrir l'ancien monde. À défaut d'un devenir massif ou majoritaire, l'action individuelle reste une protestation qui n'inquiète pas les gouvernements parce qu'ils peuvent la réprimer facilement. Soljenitsyne n'a pas fait, seul, s'effondrer l'URSS, mais il y a contribué.

*

L'expérience de *Walden* est aussi une aventure politique : affirmer que la philosophie n'est pas une activité spéculative mais existentielle est en soi un geste politique. On peut lire ceci dans *Walden* : « Être philosophe, ce n'est pas seulement avoir des pensées philosophiques, ce n'est pas même fonder une école, c'est aimer assez la sagesse pour vivre selon ses arrêts, une vie de simplicité, d'indépendance, de générosité et de confiance. C'est résoudre quelques-uns des problèmes de la vie, non seulement en théorie, mais en pratique. »

Le philosophe mène une vie philosophique, autrement dit, il vit sa pensée et il pense sa vie, ce qui est proprement une dialectique politique en ce qu'elle produit des effets dans la cité. Cette vie-là, si peu matérielle ou matérialiste, tellement susceptible de gripper les rouages de la machine capitaliste, est révolutionnaire.

La pauvreté volontaire dans un monde où la richesse fait la loi, le dénuement contre l'abondance, la sobriété contre la dépense, la simplicité contre la sophistication, l'ascèse contre la richesse, l'intempestif contre la mode, l'utilité contre la superficialité, le dépouillement contre l'opulence, le nécessaire contre le superflu, l'autosuffisance contre le commerce, l'indépendance contre la dépendance, la frugalité contre la profusion, le loisir contre le travail, voilà un véritable projet politique… À la fin de *Walden*, Thoreau écrit : « L'aube viendra, d'un jour plus éclatant. »

*

Écologiste, pacifique, individualiste, ce Thoreau-là pense le monde et le gouvernement, les autres et son prochain, comme faisant partie d'un même univers ontologique : c'est ce qui n'est pas lui et qui, pour cette raison, compte pour presque rien ou si peu. Non qu'il soit contre autrui, mais il n'en a aucunement le souci.

Certes, il n'aime pas l'esclavage et la guerre, ce qui est tout de même une façon de considérer que la vie d'autrui n'est pas quantité négligeable. Il reçoit des esclaves fugitifs dans sa cabane. Thoreau n'est donc pas si fâché avec les autres et leur bonheur qu'il veut bien le dire. Souvenons-nous de ses trois chaises, deux pour les amis, une pour lui. On sent plus l'ours mal léché, le sauvage qui ne veut pas qu'on l'importune s'il entre dans un arc-en-ciel pour se nourrir de ses chromatismes et de sa lumière, guette l'omble chevalier dans la rivière ou la marmotte dans l'herbe, qu'un véritable ennemi de l'humanité. Un véritable ennemi de l'humanité n'aurait eu qu'une chaise, la sienne ! Il ne veut pas que quoi que ce soit et qui que ce soit le distraient de l'essentiel : la construction de soi comme une subjectivité libre.

Sa révolution politique est donc écologiste, individualiste, spirituelle, philosophique, rebelle, pacifique. Puis elle prend un réel tournant avec *L'Esclavage au Massachussetts*. En 1850, une loi fédérale oblige les Américains à dénoncer les esclaves en fuite. À Boston, en 1854, des esclaves sont arrêtés puis emprisonnés. Des abolitionnistes manifestent pour leur libération. Ils sont eux aussi arrêtés et emprisonnés.

Dès lors, Thoreau estime que l'État lui déclare la guerre et qu'il faut donc la mener. Il écrit : « J'ai le sentiment que l'État, dans une certaine mesure, s'est immiscé de manière délétère dans mes activités légitimes. » Thoreau souscrit au contrat social tant que l'État fait son devoir ; quand il ne le fait plus – et avec cette loi il ne le fait plus –, alors il se sent moralement libéré et recouvre son droit de porter la main contre lui. Thoreau participe à une manifestation abolitionniste au cours de laquelle un exemplaire de la Constitution est brûlé.

Thoreau attaque les soldats, les militaires, les prêtres, les journalistes, les prédicateurs, l'école, l'État, l'Église, l'argent, les hommes politiques. Il écrit : « Je suis habité par des pensées de meurtre envers l'État et mon esprit ne peut s'empêcher de comploter contre lui. » Mais il cueille un nénuphar et recouvre sa sérénité.

L'effet du nénuphar n'aura qu'un temps. En 1854, John Brown quitte sa ferme pour organiser la lutte armée contre l'esclavagisme. Avec un petit groupe, il tue cinq colons esclavagistes désarmés. Thoreau rencontre Brown en 1857 et en 1859.

Brown est arrêté alors qu'il attaquait un arsenal pour armer des esclaves libérés et les fédérer en milices. Il est incarcéré, condamné, jugé, pendu le 2 décembre 1859. Thoreau, qui l'avait soutenu alors qu'il attendait la sentence, a écrit *Plaidoyer en faveur du capitaine John Brown* qui paraît fin octobre 1860. Le penseur qui invitait à la réforme spirituelle pacifique change de cap : il fait d'un homme qui tue au nom de ses idées un héros converti aux vertus de l'action radicale.

John Brown est propulsé capitaine, il est pourvu de toutes les vertus, le puritanisme et l'ascèse, la vertu et l'héroïsme, le dévouement et le courage, le caractère spartiate et la fibre transcendantaliste. Thoreau souscrit à ses propos, à sa théorie, sa doctrine, ses actes, son action. Le philosophe qui refusait toute inféodation s'affilie désormais à celui dont il fait un portrait en Christ américain crucifié par le gouvernement esclavagiste. Il ajoute : « Je n'ai envie ni de tuer ni de me faire tuer, mais je peux imaginer que le temps viendra où l'un et l'autre seront inévitables. C'est par des actes de violence quotidiens que nous sauvegarderons la prétendue paix qui règne dans la communauté. » Il fait alors l'éloge de la lutte armée…

Cette période de renoncement à la sagesse écologique et pacifique, spirituelle et individualiste, coïncide avec l'aggravation de son état de santé – décembre 1860. Comme si les progrès de la tuberculose en lui contraignaient son esprit à dire oui à la pulsion de mort qui prenait de plus en plus de place dans sa chair, donc dans son âme.

Il sait qu'il va mourir. Il est serein, calme, en paix. Il envisage les choses avec naturel. Il s'est préparé. Un ami s'inquiète de son état d'esprit avant de quitter ce monde pour un autre. Il répond : « Un monde à la fois… » Il meurt le lendemain, à Concord, à 9 heures, le 6 mai 1862. Le matin était toute promesse de beauté. Les pommiers étaient en fleurs.

Table

DU MÊME AUTEUR (suite)

Célébration du génie colérique. Tombeau de Pierre Bourdieu, Galilée, 2002.

Les Icônes païennes. Variations sur Ernest Pignon-Ernest, Galilée, 2003.

Archéologie du présent. Manifeste pour une esthétique cynique, Adam Biro/Grasset, 2003.

Féeries anatomiques. Généalogie du corps faustien, Grasset, 2003.

La Communauté philosophique. Manifeste pour l'Université populaire, Galilée, 2004.

Épiphanies de la séparation. La Peinture de Gilles Aillaud, Galilée, 2004.

Exercices anarchistes, Galilée, 2004.

Traité d'athéologie. Physique de la métaphysique, Grasset, 2005.

Oxymoriques. Les Photographies de Bettina Rheims, Jannink, 2005.

La Sagesse tragique. Du bon usage de Nietzsche, LGF, 2006.

Suite à La Communauté philosophique. *Une machine à porter la voix*, Galilée, 2006.

Les Sagesses antiques, Grasset, 2006.

Le Christianisme hédoniste, Grasset, 2006.

La Puissance d'exister. Manifeste hédoniste, Grasset, 2006.

Traces de feux furieux, Galilée, 2006.

La Pensée de midi. Archéologie d'une gauche libertaire, Galilée, 2007.

Fixer des vertiges. Les Photographies de Willy Ronis, Galilée, 2007.

Théorie du voyage. Poétique de la géographie, LGF, 2007.

Les Libertins baroques, Grasset, 2007.

Les Ultras des Lumières, Grasset, 2007.

La Lueur des orages désirés, Grasset, 2007.
L'Innocence du devenir. La Vie de Frédéric Nietzsche, Galilée, 2008.
Le Songe d'Eichmann. Précédé de : Un kantien chez les nazis, Galilée, 2008.
Le Souci des plaisirs. Construction d'une érotique solaire, Flammarion, 2008.
Le Chiffre de la peinture. L'Œuvre de Valerio Adami, Galilée, 2008.
La Vitesse des simulacres. Les Sculptures de Pollès, Galilée, 2008.
Les Bûchers de Bénarès. Cosmos, Éros et Thanatos, Galilée, 2008.
L'Eudémonisme social, Grasset, 2008.
La Religion du poignard. Éloge de Charlotte Corday, Galilée, 2009.
Les Radicalités existentielles, Grasset, 2009.
L'Apiculteur et les Indiens. La Peinture de Gérard Garouste, Galilée, 2009.
Le Recours aux forêts. La Tentation de Démocrite, Galilée, 2009.
Le Crépuscule d'une idole. L'Affabulation freudienne, Grasset, 2010.
Apostille au crépuscule. Pour une psychanalyse non freudienne, Grasset, 2010.
Philosopher comme un chien, Galilée, 2010.
Manifeste hédoniste, Autrement, 2011.
La Construction du surhomme, Grasset, 2011.
L'Ordre libertaire. La Vie philosophique d'Albert Camus, Flammarion, 2012.
Vies et mort d'un dandy. Construction d'un mythe, Galilée, 2012.
La Sagesse des abeilles. Première leçon de Démocrite, Galilée, 2012.

Rendre la raison populaire. Université populaire, mode d'emploi, Autrement, 2012.

Le Postanarchisme expliqué à ma grand-mère. Le Principe de Gulliver, Galilée, 2012.

Le Canari du nazi. Essais sur la monstruosité, Collectif, Autrement, 2013.

La Raison des sortilèges. Entretiens sur la musique, avec Jean-Yves Clément, Autrement, 2013.

Un requiem athée, Galilée, 2013.

Les Freudiens hérétiques, Grasset, 2013.

La Constellation de la baleine. Le Songe de Démocrite, Galilée, 2013.

Les Consciences réfractaires, Grasset, 2013.

Le Magnétisme des solstices, Flammarion, 2013.

Avant le silence. Haïkus d'une année, Galilée, 2014.

Transe est connaissance. Un chamane nommé Combas, Flammarion, 2014.

Bestiaire nietzschéen. Les Animaux philosophiques, Galilée, 2014.

Le réel n'a pas eu lieu. Le Principe de Don Quichotte, Autrement, 2014.

La Passion de la méchanceté. Sur un prétendu divin marquis, Autrement, 2014.

Les Petits Serpents. Avant le silence, II, Galilée, 2015.

Cosmos. Une ontologie matérialiste, Flammarion, 2015.

Haute école. Brève histoire du cheval philosophique, Flammarion, 2015.

Penser l'islam, Grasset, 2016.

Le Miroir aux alouettes. Principes d'athéisme social, Plon, 2016.

La Force du sexe faible. Contre-histoire de la Révolution française, Autrement, 2016.

L'Éclipse de l'éclipse. Avant le silence, III, Galilée, 2016.

Décadence. Vie et mort du judéo-christianisme, Flammarion, 2017.

Décoloniser les provinces. Contribution aux présidentielles, L'Observatoire, 2017.

Les essais au Passeur Éditeur

Christophe André, Martin Steffens
QUI NOUS FERA VOIR LE BONHEUR ?

Gilles Babinet
L'ÈRE NUMÉRIQUE, UN NOUVEL ÂGE DE L'HUMANITÉ
BIG DATA, PENSER L'HOMME
ET LE MONDE AUTREMENT
TRANSFORMATION DIGITALE : L'AVÈNEMENT
DES PLATEFORMES

Adeline Baldacchino
MICHEL ONFRAY OU L'INTUITION DU MONDE

Isabelle Bart, Yann-Hervé Martin
LA MANAGER ET LE PHILOSOPHE

Linda Bortoletto
L'AUDACE NOUS RENDRA LIBRES

Pierre-André de Chalendar
NOTRE COMBAT POUR LE CLIMAT

Paul Clavier
ANATHÈMES, BLASPHÈMES ET CIE

Stéphane Degonde
J'OSE ENTREPRENDRE !

Jean-Claude Guilbert
ILS ONT TUÉ TOUS LES HÉROS

Fabrice Hadjadj
PUISQUE TOUT EST EN VOIE DE DESTRUCTION

Francis Huster
L'ÉNIGME STEFAN ZWEIG

Yann-Hervé Martin
PETIT TRAITÉ DE LIBERTÉ INTÉRIEURE

François Roche
UN VOYAGE EN ALLEMAGNE

Nathalie Sarthou-Lajus et Jean-Pierre Winter
PEUT-ON CROIRE À L'AMOUR ?

Bertrand Vergely
TRAITÉ DE RÉSISTANCE POUR LE MONDE QUI VIENT
LA TENTATION DE L'HOMME-DIEU

CET OUVRAGE A ÉTÉ COMPOSÉ
EN PALATINO CORPS 12
PAR NORD COMPO
À VILLENEUVE-D'ASCQ.

ACHEVÉ D'IMPRIMER
PAR L'IMPRIMERIE CPI FIRMIN-DIDOT
À MESNIL-SUR-L'ESTRÉE, EN AOÛT 2017,
POUR LE COMPTE DU PASSEUR ÉDITEUR.

Dépôt légal : septembre 2017.
N° d'imprimeur : 141579
Imprimé en France.